国家出版基金项目
NATIONAL PUBLICATION FOUNDATION

大国经济丛书　　　主编　欧阳峣

大国地方政府间税收竞争研究

基于中国经验的实证分析

袁浩然　著

格致出版社　　上海人民出版社

图书在版编目（CIP）数据

大国地方政府间税收竞争研究：基于中国经验的实证分析/袁浩然著.—上海：格致出版社：上海人民出版社,2013

（大国经济丛书/欧阳峣主编）

ISBN 978 - 7 - 5432 - 2301 - 1

Ⅰ.①大… Ⅱ.①袁… Ⅲ.①地方税收-税收管理-研究-中国 Ⅳ.①F812.42

中国版本图书馆 CIP 数据核字（2013）第 232730 号

责任编辑　　彭　琳

美术编辑　　路　静

大国经济丛书

大国地方政府间税收竞争研究

——基于中国经验的实证分析

袁浩然　著

出　　版　世纪出版集团　格 致 出 版 社
　　　　　www.ewen.cc　www.hibooks.cn
　　　　　　　　　　上海人民出版社

（200001　上海福建中路193号23层）

编辑部热线 021 - 63914988
市场部热线 021 - 63914081

格致出版

发　　行　世纪出版集团发行中心
印　　刷　苏州望电印刷有限公司
开　　本　720×1000 毫米　1/16
印　　张　13
插　　页　2
字　　数　150,000
版　　次　2013 年 10 月第 1 版
印　　次　2013 年 10 月第 1 次印刷
ISBN 978 - 7 - 5432 - 2301 - 1/F·676
定　　价　40.00 元

总　序

　　经济学发展历史表明,经济理论的重要程度往往取决于被解释现象的重要程度。中国的崛起被称为"东亚奇迹","金砖国家"的崛起已成为"世界奇迹",这说明大国经济现象的重要程度是毋庸置疑的。如果将典型的大国经济发展现实和经验的研究提升为普遍性的理论体系和知识体系,那么,中国经济学就有可能掌握国际话语权。

　　一般地说,掌握国际话语权应该具备三个条件:一是研究的对象具有典型意义,被解释的现象不仅对某个国家的发展具有重要意义,而且对世界的发展具有重要意义;二是取得的成果具有创新价值,在学术上有重要发现,乃至创造出新的科学理论和知识体系;三是交流的手段具有国际性,研究方法符合国际规范,可以在世界范围交流和传播。

　　在大国经济研究领域,第一个条件是已经给定的,因为大国经济发展具有世界意义。关键是要在第二个条件和第三个条件上下功夫。要通过创造性的思维和研究,深刻把握大国经济的特征和发展规律,构建大国经济的理论体系和知识体系,追求深层次的学术创新和理论突破;要使用国际化的交流手段,运用规范的研究方法和逻辑思维开展研究,从中国与世界关系的角度来看待大国经济问题,并向世界传播大国经济理论和知识体系,从而使大国经济理论具有世界意义和国际影响力。

　　我们将联合全国的专家学者,致力于探索超大规模国家经济发展的特征和规律,进而构建大国经济理论体系和知识体系。格致出版社以深邃的目光发现了这个团队的未来前景,组织出版这套《大国经济丛书》,国家新闻出版总署将其列入

"十二五"国家重点图书出版规划,为大国经济研究提供了展示成果的平台。

我们拥有这样的梦想,并且在集聚追求梦想的力量。我们期望这个梦想成为现实,并用行动构建中国风格的经济学话语体系,为中国经济学走向世界做出积极的贡献。

欧阳峣

前　言

中国人口多、地域广、经济总量大,是一个典型的大国,众多地方政府出于自身的经济和政治利益考虑,相互之间必然展开激烈的竞争,税收竞争便是其中极为重要的表现形式。税收竞争是由蒂博特模型(1956)开启的一个新的研究领域。自20世纪80年代以来,税收竞争成为了公共经济学领域中的重要命题。从研究范围来看,学者们最初关注的是国内税收竞争,后来才慢慢开始关注国际税收竞争,并使国际税收竞争成为了热点话题;从研究领域来看,学者们最初主要进行的是理论研究,而现在则更多进行的是实证研究。

本书基于中国是一个大国的事实进行国内税收竞争研究,并且严格限定在中国地方政府间的税收竞争层面上,以实证分析为主,在实证的基础上辅助作了一些规范分析,同时还运用了定性分析、定量分析、归纳和比较等经济学研究方法。概括起来,本书所阐述的内容主要包括以下五个方面:

首先,分析了中国地方政府间开展税收竞争的制度背景。对制度背景的分析是进行中国地方政府间税收竞争实证研究的前提,因为无论对经验数据的分析最终在客观上给出了一个什么样的结果,即无论中国地方政府间是否存在税收竞争,其激烈程度如何,它都是基于一定制度框架的产物,必须受到已有制度的约束。而通过对中国既定制度的分析,可以发现中国现行制度对实现规范、合理、有序的税收竞争的好的方面和不好的方面,这也为本书最后提出政策建议打下了基础。

归纳起来,中国地方政府间开展税收竞争的制度背景主要包括以下四个方面:(1)1978年以来中国由原来的计划经济渐进转型为市场经济,与此同时,各个主体包括地方政府都逐步有了自己相对独立的政治经济利益,这使得地方政府具备了开展税收竞争的主观能动性。(2)中国的财税体制由"统收统支"、"分级包干"转变为了"分税制",中央与地方的收支关系得到了进一步的明确和规范,但是税收立法权依然控制在中央政府手中,所以这种财政分权是不完全的,存在着缺陷,必然会导致地方政府间税收竞争的不合理、不合法。(3)中国实行的是区域性税收优惠政策,这也是地方政府间开展制度内税收竞争所能使用的主要手段。(4)政府官员的政绩考核评价制度中,主要是以可量化的GDP指标来作为官员晋升的标准,这使得部分官员会想尽各种办法来促进当地的经济发展,其中税收竞争就是一种被经常采用的手段,有些官员在自身利益的驱动下,不惜通过恶性税收竞争来获得短期的经济增长。

其次,本书构建了符合中国国情的税收竞争反应函数模型,对中国地方政府间的税收竞争反应函数作了截面估计。应该说国内外学者在估计税收竞争反应系数以证明税收竞争存在性的时候,所构建模型基于的原理基本上是一致的:都是考察给定地区税率对其他竞争性地区税率的变化所作出的反应。但是在对权重和控制变量的选取上存在着差异。由于给定地区的竞争对手通常不止一个,而是许多个,这些竞争对手的重要性是不同的,这就需要对它们赋予不同的权重值。本书以铁道距离即各竞争性省份与给定省份的邻近程度来作为判断这些竞争性省份对给定省份重要程度的标准,距离越近,竞争越激烈,所赋予的权重值也就越大,同时选取了给定省份的人均生产总值和人均公共支出来作为控制变量。

为了与国内的同类研究进行比较,本书选取了1992年(分税制改革前)和2006年(分税制改革后)两年的截面数据对中国地方政府间的税收竞争反应函数进行截面估计,得到的结果与沈坤荣、付文林(2006)迥然不同。在沈坤荣、付文林(2006)的结论中,除了以铁路距离、GDP与铁路距离的比值为权重的1992年的平均预算外负担竞争模型,其他所有的税收竞争反应系数均为负值,这与现实中各个省的宏观税负竞相下调的事实不符;而在本书的截面数据模型中,所有的税收竞争反应系数均在1%水平上显著为正。笔者详细分析了出现这种根本性差异的原因:(1)沈坤荣、付文林(2006)在设定的模型和估计的模型中有不一致的地方,即前者无截距项,后者有截距项,实质上采纳的是有截距项的模型。笔者参照了国际上同类研究的一些做法,基本上税收竞争反应函数模型的设定和估计中都是没有截距项的,再加上因变量和解释变量都是税率,都是相当小、与零接近的数值,这是无截距项模型的典型特征,所以本书选取了无截距项的模型。(2)估计方法不一致,沈坤荣、付文林(2006)采用的是似然不相关回归方法,而本书在对截面数据模型的估计中采用的是加权最小二乘法。(3)在控制变量的选取上也存在一些差异。其中模型设定中关于截距项的取舍不同是税收竞争反应系数出现方向性偏误的根本原因,而估计方法和控制变量选取的不同只会影响估计值的大小。

再次,利用面板数据对中国地方政府间的税收竞争反应函数作了面板估计。面板数据得到的估计结果要远比截面数据来得可靠,尤其税收竞争是一个动态的过程,是各级地方政府反复博弈的结果,因此,要想客观全面地了解中国地方政府间税收竞争的状况,仅用截面数据进行计量估计是不够的。本书利用面板数据模型得到的估计结果,与截面数据模型得到的估计结果没有方向性差异,即税收竞争反应系数的符号一致,均为正值。

该面板估计采用似然不相关回归分析方法,分别对一般预算内平均宏观税负、预算外平均宏观税负和预算内外收入之和的平均宏观税负作了回归,并且以1994年分税制改革为界,分阶段对它们分别作了回归,得到了税收竞争反应系数,从中发现了中国地方政府间税收竞争的一些规律。具体结论为:从整体面板数据回归来看,所有的税收竞争反应系数均显著为正,这说明在中国各地方政府间确实存在着税收竞争,这种交互作用是同方向的;所有的税收竞争反应系数在分税制改革以后均大于分税制改革以前,这说明中国地方政府间的税收竞争在分税制改革以后日趋激烈。

第四,对东、中、西部地区内部各自的税收竞争反应函数进行面板估计。考虑到中国地区之间经济发展不平衡的客观情况,本书对东、中、西部地区内部各自的税收竞争反应函数作了面板估计,因为税收竞争更容易在地理位置接近、经济环境类似、经济发展水平相同的地区之间发生。该部分内容运用似然不相关估计方法,对三大区域的面板数据进行回归,得到了如下结论:三大区域的所有税收竞争反应系数均显著为正,说明每个区域的各地方政府间采取的均是同方向的税收竞争策略行为;除了东部地区各地方政府间的一般预算内平均宏观税负竞争反应系数在分税制改革以后由分税制改革以前的 0.615 下降到了 0.522 以外,其他所有的税收竞争反应系数在分税制改革以后均有不同程度的增大,这说明三大区域内部的税收竞争在分税制改革以后基本上都是日趋激烈的,只是程度不同而已;通过对三大区域回归结果的分析,发现了一个重要规律——经济越发达的地区,税收竞争越弱,经济越落后的地区,税收竞争越激烈,这说明税收竞争本质上还是一种比较低级的竞争形式,经济发展到一定水平以后,各级政府会更倾向于进行公共支出方面的竞争。

最后,对全书进行总结,并就如何规范中国地方政府间的税收竞争行为提出了一些政策建议。通过实证分析,本书找到了中国各地方政府间存在税收竞争的明确证据,并且发现无论是从全国的情况来看,还是从分区域的情况来看,中国各地方政府间的税收竞争都在分税制改革以后变得日趋激烈了。而对中国地方政府间税收竞争制度背景的分析又表明,中国现行的制度在很大程度上鼓励了地方政府间竞相通过税收竞争来争夺流动要素和税收资源,从而推动本地经济的发展,但是由于地方政府税收立法权的缺失和官员政绩考核标准的不合理,地方政府间的税收竞争大多是制度外税收竞争,大量存在不合理、不合法的情形。为了引导中国地方政府间的税收竞争走向规范、合理、有序,提高资源配置效率,本书结合对中国地方政府间税收竞争的制度背景分析和实证分析,提出了如下政策建议:(1)建立科学的民主决策机制;(2)按照市场经济体制的要求推进财政分权;(3)改革和完善税收立法体制;(4)建立区域间的税收利益协调机制;(5)树立科学的政绩观,改革官员政绩考核标准。

Abstract

There are much people, extensive terrain and enormous GDP in China and China is a typically large country. In order to acquire economy and polity benefits, local governments compete with one another fiercely, and tax competition is one of the most important forms. Tax competition is a new research area unsealed by Tiebout model. Since 1980s, tax competition has become an important proposition in the field of public economics. From the research scope, firstly the scholars paid attention to internal tax competition, then they gradually turned to research on international tax competition and make it the hot topic; from the research domain, at first the scholars mainly engaged in the theory research, and now they pay more attention to the empirical problem.

This book takes on internal tax competition based on the fact that China is a large country, and strictly limit it among the provincal level governments. In this book empirical analysis is the most important research method and on the basis of empirical analysis some normative analysis is done. In addition, this book uses some other research methods such as qualitative analysis, quantitative analysis, concluding, comparing and so on. There are five aspects in this paper.

Firstly, this book analyses the system background Chinese provincial level governments carry through tax competition. The analysis of system background is the precondition that this book takes on empirical analysis of tax competition among the provincial level governments, because the final results of empirical analysis, i. e., whether there is tax competition among the provincal level governments and how furious tax competition, which bases on the particular system frame and must be restricted by the system. And through the analysis of Chinese particular system, we can find the good or bad ways of Chinese actual system in realizing normative, rational and orderly tax competition. At the same time, it will provide foundation for latter policy suggestions.

In conclusion, the system background China local governments carry through tax competition mostly includes the following four aspects. (1) Since 1978, China begin the shunting of the economic system, switching from original planning economy to market economy gradually, and all main bodies including local governments slowly have their economy benefits, which makes local governments subjective willings taking on tax competition. (2) Chinese finance and tax system has been transformed from the previous system of "unified revenue collection and unified spending" and "eating from separate kitchens" to the system of "separate tax", so the revenue and expenditure relationship of the central government and local governments is normalized. Then the tax lawmaking power is still controlled by the central government, and so this kind of fiscal decentralization is incomplete and has its shortcomings, which necessarily lead to irritionality and irregularity of tax competition. (3) Regional tax preferences policy is the main instrument local governments take on explicit tax competition. (4) In the assessing institution of government official performances, the criterion of officials promoting mainly points to the quantitified GDP index, which makes officials promote local economy development in all sorts of ways, and tax competition is the means usually used. Under the driving of their own benefits, officials acquire short economy increasing even through malignant tax competition and for themselves gain promoting political capital.

Secondly, this book constructs a reaction function model of tax competition in accordance with Chinese condition and estimates the section tax competition reaction function among Chinese provincial level governments. When all the scholars estimate tax competition reaction function to demonstrate existence of tax competition, the constructed model is based on the same principle that seeing about the tax rate reaction of a given region to the tax rate of other emulative regions. But there are differences in the choice of weight and controlling variables. Because a given region has many competitors, the importance of which is different, so we must endow them with different value of weight. This book choose the railway distance as the criterion of judging the importance of regions as competitors to a given region. Usually the more close the distance is, the more furious competence among regions is. And this book choose GDP per capita and public expenditure per capita of a given province as controlling variables.

In order to compare with domestic kin research, this book choose section data of 1992 year(before reform of separate tax system) and 2006 year(after reform of separate tax system) to estimate the section reaction function of tax competition among Chinese provincial level governments, and the acquired result is completely different from Shen and Fu(2006). In the paper of Shen and Fu(2006), except 1992 year's competence model of average outside budget burden whose importance is expressed by the railway distance or the proportion of GDP and the railway distance, all other reaction coefficients of tax competition are negative values, and this is not in accordance with the fact that all provinces in China make their macro tax burden go down. While in this book, all reaction coefficients of tax competition are remarkably positive up 1% level. The writer analysis the reason why appears the essential difference. (1)There is disagreement between the constructed model and the estimated model in Shen and Fu (2006). The previous one has intercept term, while the latter has no intercept term, and virtually they accept the model with intercept term. Then the writers refer to some practice in international research. In their reaction models of tax competition constructed and estimated there are basically no intercept term. In addition, both the dependant variable and explanation variables are tax rate, and they are very small and even close to null, which is the typical character of the model without intercept term.

So this book chooses the model without intercept term. (2) The Estimating way is different. Shen and Fu(2006) adopt the SUR regression way, while this paper is weighted OLS in the section data model. (3) There are some differences in the choice of controlling variables. The fundamental reason the reaction coefficients of tax competition appear oriention error is accepting or rejecting intercept term in the model constructed and estimated. While different estimating ways and controlling variables only influence the size of coefficients value.

Thirdly, this book estimates panel reaction coefficients of tax competition among Chinese provincial level governments using panel data. The result of panel data estimating is more reliable than section data. Particularly tax competition is a dynamic process, and is the result all levels of local governments repeat games. So it is not enough to estimate the reaction coefficients only using section data if we want get a impersonal and overall understanding of the status of tax competition among Chinese provincial level governments. There is no orientation error in this book between the result of panel data estimating and section data estimating, i. e. the sign of reaction coefficients is accordant and all of them are positive values.

This panel estimating adopts the way of SUR regression, separately regress to general inside budget average macro tax burden, outside budget avererage macro tax burden and avererage macro tax burden of general inside budget revenue and outside budget revenue. At the same time, according to 1994 year's reform of separate tax system, this book does the regression before it and after it, and acquires reaction coefficients of tax competition, through which we can find some rules of tax competition among Chinese provincial level governments. The conclusions are that according to unitary panel data regression all reaction coefficients of tax competition are prominently positive which demonstrates existence of tax competition among Chinese provincial level governments and this kind of mutual action is towards the same direction; all reaction coefficients of tax competition after the reform of separate tax system is greater than the ones before the reform of separate tax system which indicates tax competition after the reform of separate tax system is more furious than before the reform of separate tax system.

Fourthly, this book separately estimates east, middle and west dynamic reaction coefficients of tax competition. Considering the impersonal situation of unbalanced economy development among regions, this book estimates east, middle and west panel reaction coefficients of tax competition, because tax competition more easily happens among adjacent regions with similar economy environment and economy development level. Estimating panel reaction coefficients of tax competition according to separate regions is also the first time in domestic research. This part uses the ways of SUR regression and regress to the panel data of three regions. The results acquired are as follows: all reaction coefficients of tax competition in three regions are prominently positive which indicates all provincial level governments of every region adopts tax game action towards the same oriention; except the reaction coefficient of general inside budget average macro tax burden drops from 0. 615 before the reform of separate tax system to 0. 522 after the reform of separate tax system, all other reaction coefficients of tax competition have augmented in different extent after the reform of separate tax system, so tax competition of three regions becomes more furious after the reform of separate tax system. In addition, through analysis of regression result of three regions, we find a important rule that the more developed economy of a region, the more faint its tax competition is, vice versa.

At last, the writer summarizes this book and puts forward some policy suggestions on how to normarize the action of tax competition among China local governments. Through empirical analysis, this book finds explicit evidence that in China there is tax competition among all provincial level governments and tax competition is more furious after the reform of separate tax system no matter as a whole or every separate region. Then the analysis of system backgrounds of tax competition among China local governments indicates Chinese present systems encourage local governments to dispute flowing production factors through tax competition and drive development of local economy, but absence of tax lawmaking power and irrationality of the assessing system of government officials performance, tax competition mostly happens outside the system frame and most is irrational and unregular. In order to lead Chinese tax competition to normaralization, rationality and order, and improve efficiency of resource allocation, linking analysis of system backgrounds with empirical analysis among Chinese provincial level governments, this book puts forward policy suggestions as follows: (1) establishing scientific mechanism of democracy decision-making; (2) pushing fiscal decentralization according to the request of market economy system; (3) reforming and perfecting the system of tax lawmaking; (4) establishing the harmony system of tax benefits among regions; (5) erecting the scientific viewpoint of political performance, and reforming the assessing criterion of government officials performance.

目　录

CONTENTS

第 1 章

导论

1.1 问题的提出

竞争一直是经济学的核心命题。自经济学鼻祖亚当·斯密开始,经由杰文斯、马歇尔至萨缪尔森等,无论经济学家将经济学界定为研究资源配置的科学,还是认为研究人的选择是经济学的使命,都离不开对竞争的分析。资源稀缺与欲望无限决定了个人与组织之间的竞争关系;有着各自利益追求的个体或组织为争夺那些能改进自身利益的物品,相互之间必然展开争夺(杨虎涛,2006)

传统理论认为,竞争就是价格竞争并由此将价格体制作为经济学的中心。可竞争实际上是多维的,至少包括经济、法律和政治这三方面的内容。①竞争既会在私人或私人部门之间发生,也会在具有独立经济利益的国家或地区政府之间发生。传统经济理论主要侧重于研究私人或私人部门之间的竞争,而关于政府部门或者公共部门之间竞争的研究则相对较少。但事实上具有独立经济利益的地方政府之间也在进行着激烈的竞争。可以说,只要存在两个或两个以上的地方政府,在它们之间就必然会存在着竞争。而政府间竞争主要的表现形式之一就是税收竞争。

税收竞争有多种分类方法,根据竞争范围来划分,税收竞争可分为国内税收竞争和国际税收竞争。西方学者最初关注的是国内税收竞争。著名经济学家

---

① 这是德姆塞茨·哈罗德(Demsetz Harold)在其 1982 年所著的代表作《竞争的经济、法律和政治制度》一书中的观点。

Tiebout(1956)在其论文《一个关于地方支出的纯理论》中构建的 Tiebout 模型,被理论学界普遍认同为税收竞争问题研究的起源,尽管该文通篇都未出现"税收竞争"的字眼,但是它却给出了税收竞争的基本内容。自 Tiebout 的研究以后,在很长的时间里学术界对税收竞争问题并未引起重视。20 世纪七八十年代后,税收竞争日趋激烈,这才使得税收竞争理论快速发展,特别是新国际贸易理论、新经济地理理论以及公共选择理论等相继以不同的分析框架加入到税收竞争问题的研究中来,极大地丰富了税收竞争理论的研究成果(黄焱,2006)。在这个阶段,西方学者将税收竞争的研究范围由国内拓展到了国际。一直到现在税收竞争依然是公共经济学领域的重要话题,关于税收竞争的研究文献还在不断涌现。

中国理论界开始关注税收竞争问题始于 1998 年 OECD 发布《关于进行恶性税收竞争的报告》以后,并且学者最初研究的是国际税收竞争问题,特别是厦门大学的邓力平教授等人,就国际税收竞争问题撰写过不少文章[1],这与西方学者的研究顺序刚好是颠倒的。最近几年有不少人开始关注国内税收竞争问题,撰写了很多国内税收竞争方面的论文,如薛钢等(2000)、杨志勇(2003)、刘笑萍(2005)、林瀚等(2006)、沈坤荣和付文林(2006)、周克清(2003,2005,2006)、葛夕良(2005,2006)等。这些论文研究的问题主要集中在:如何给税收竞争下定义,中国到底有没有税收竞争,中国国内税收竞争的特征、主要形式,中国国内税收竞争产生的原因、国内税收竞争的经济效应,地区间税收竞争对资本流动的影响。也有个别学者,如薛钢等(2000),提到了中国国内税收竞争的制度缺陷。

张五常(2003)认为经济学不能用来解释一个根本就不存在的经济现象,笔者对这种观点深表认同。研究中国的税收竞争问题,首先就要确认在中国确实存在着税收竞争现象,否则围绕这一主题展开的研究就会毫无意义。改革开放以后,中国各地方政府都是具有相对独立经济利益的主体,为了使它们自身的利益最大

---

① 邓力平:《国际税收竞争理论研究的新进展》《涉外税务》,2001 年第 2 期;邓力平、陈涛:《当代西方国际税收竞争理论评述》《税务研究》,2001 年第 7 期,第 2—7 页;邓力平:《国际税收竞争与合理调整税负——兼议积极财政政策的可持续性》《福建税务》,2002 年第 1 期,第 7—10 页;邓力平:《国际税收竞争的实证研究》《涉外税务》,2002 年第 7 期;邓力平:《经济全球化下的国际税收竞争研究:理论框架》,《税务研究》,2003 年第 1 期,第 11—18 页;邓力平:《国际税收竞争的不对称性及其政策启示》.《税务研究》,2006 年第 5 期,第 3—8 页。

化,它们相互之间必然会展开竞争,尤其是税收竞争,只不过由于受到税收立法权的限制,税收竞争的形式异化了。

税收竞争这种经济现象,毕竟与"下雨"、"出太阳"这样一些可以直接观察到的自然现象不一样,它是不能用肉眼看到的,必须从实证角度给出明确的证据才能验证税收竞争的存在性及具体采取的是何种竞争策略行为。沈坤荣、付文林(2006)运用 1992 年和 2003 年的截面数据,给出了中国各省间存在横向税收竞争的确切证据,但是他们的结论又明显与现实情况相悖:他们认为中国各省间采取的是差异化的税收竞争策略行为,即当其他竞争性省份采取减税措施吸引流动要素的进入、促进当地经济发展的时候,给定省份的应对措施却是增加税收,反之亦然。根据各地方政府的统计数据资料,可以看到,它们的平均宏观税负,无论是预算内还是预算外,都呈明显下降的趋势,这意味着各地方政府不太可能运用增税策略来与其他省进行竞争。另外,税收竞争始终是一个动态的过程,是连续的,所以运用截面数据来证明税收竞争的存在性,其结论可能会有失偏颇。本书试图运用面板数据模型来找到中国地方政府间存在横向税收竞争的证据,并对这一现象进行阐释。

归纳起来,本书主要回答以下几个问题:中国地方政府间是否真的存在税收竞争现象? 如果真的存在,那么这些税收竞争策略行为究竟是同方向的还是差异化的? 中国地方政府间税收竞争的强度如何、有何特征? 中国东、中、西部三大地区内部各自的税收竞争有何特点,强度如何? 中国地方政府间的税收竞争有何规律? 中国作为一个大国,应该采取什么样的措施来规范地方政府间的税收竞争行为? 彻底回答这些问题无论在理论上还是实践中都具有重大意义。

1.2　文献综述

1.2.1　国内研究文献综述

虽然中国经济学界对国内税收竞争问题的关注较晚,但研究的范围较广,归纳起来主要有以下几个方面。

1. 国内税收竞争的规范研究

（1）问题一：中国有没有国内税收竞争。

葛夕良（2005）在其所著的《国内税收竞争研究》一书中判断，国内确实存在税收竞争，但规范税收竞争的程度并不强，非规范的制度外税收竞争以及变相的税收竞争相对要大得多，并且指出，中国资本往往因税收原因而流动，而中国劳动力因为税收原因而流动的情况并不明显。此外，周克清（2002）、杨志勇（2003）、黄春蕾（2004）、刘笑萍（2005）、李佳明（2006）等都对中国存在国内税收竞争下了明确的结论。

（2）问题二：中国国内税收竞争的特征。

葛夕良（2005）认为中国的纵向税收竞争主要表现在税收收入的划分争夺、共享税竞争以及地方政府的变相税收竞争；中国横向税收竞争的特征主要体现在稳定性差、规范性竞争发生程度低、非规范性竞争发生程度强、变相性竞争程度强。黄春蕾（2003）认为在制度框架下形成的制度内税收竞争具有明确性、可控性与稳定性的特征，它主要有两种形式：一是由于国家制定的区域性税收优惠政策而引起的东西部两大区域之间的税收竞争；二是在国家税法规定的地方税权范围内，各地根据自身情况，为招商引资、加快发展而制定的差别税收政策而引发的竞争。

（3）问题三：中国国内税收竞争的主要形式。

杨志勇（2003）将中国已有的地方税收竞争（横向税收竞争）概括为三种形式：第一，减免税（税收优惠）；第二，财政返还；第三，地方通过综合配套措施，增加特定方向的公共支出和减少应该收取的费用。仰远（2006）认为税收竞争主要体现在两个方面：一是税率的调整；二是税收优惠政策条款。

（4）问题四：中国国内税收竞争形成的原因。

杨志勇（2003）将国内税收竞争的产生归结为三大原因：第一，地方没有税收立法权；第二，就中国目前而言，税收与公共支出相对应的观念尚未完全树立起来，税收和公共支出在很大范围内还是相互独立的；第三，规范化的政府间财政关系尚未确立，各税种如何在不同级别政府间进行划分尚未进入稳定化状态。葛夕良（2005）认为中国国内税收竞争的产生主要有以下几大原因：税收法制不健全，政府法治观念淡薄;地方保护主义;地方政府决策者存在功利主义倾向;政府收入机制不合理;财税体制不完善。黄春蕾(2004)认为中国国内横向税收竞争的形成原因十分复杂,既有深刻的体制原因,又有重要的制度原因、历史及社会背景:市场化改革为中国横向税收竞争的产生提供了重要的客观基础;分权性经济体制改革孕育了中国横向税收竞争的主体;市场经济改革创造了中国横向税收竞争的客体;税收优惠政策促成和加剧了中国国内横向税收竞争;税权划分及税收征管是中国横向税收竞争形成的重要制度及体制因素;人治传统与监督不力是中国不规范税收竞争形成的环境因素。林晓维(2004)认为中国财政分权体制下地方政府独立经济利益的出现产生了地方政府间税收竞争,中国经济发展的要求及模式促成了地方政府间的税收竞争。他还认为财政分权的不彻底、税权和事权的划分不配套直接导致了中国地方政府间过度的税收竞争,弱化了税收竞争的积极效应,如税收立法权高度集中在中央。林翰、刘鸿渊(2006)认为,事权与财权向地方政府转移催生了税收竞争的主体形成;市场化改革与市场体系的初步建立创造了税收竞争的客体;税收优惠政策成为政府间税收竞争的主要手段;官员自身利益最大化是地方政府展开税收竞争的动因。

(5)问题五:中国国内税收竞争的制度缺陷。

薛钢、曾翔、董红锋(2000)认为中国的税收竞争一开始就存在着先天性的制度缺陷:第一,中国的财政体制是一个不均衡的体制,这并非单纯指中央地方收支的不均衡,更多的表现为其形式机制的不均衡;职责划分不明晰,上级政府拥有相对集中的制度安排权,可以通过行政命令强制企业在地区间进行迁移,也可以强制性地减免税、改变纳税地点和环节等等;由于中国民主决策机制的不完善,几乎所有税收竞争措施的实施,更多的表现为本地区的政府行为,而没有体现当地居民的意志,从其产生的第一天起,注定是一种制度外的创新。

(6)问题六:规范中国国内税收竞争的建议。

杨志勇(2003)认为从税收竞争可能促进公共部门经济效率提高的角度看,中国对税收竞争的基本策略应为"疏",而非"堵",以充分发挥其正面作用。可以通过赋予地方一定的税收立法权,让地方税收竞争步入正轨,从而消除无序的竞争。林晓维(2004)认为规范政府间的税收竞争,应尽快建立起税收竞争的规则体系;

完善分税制,推进财政分权;地区政府应努力寻求税收竞争形式的转变。

2. 国内税收竞争的实证研究

目前国内学者关于国内税收竞争的研究主要集中在规范性方面,实证研究还很少,而从已有的文献来看,实证研究包括税收竞争的存在性和税收竞争对 FDI 的影响两个方面的内容。

(1) 关于税收竞争存在性的实证研究。

沈坤荣、付文林(2006)运用空间滞后模型,对中国省际税收竞争与博弈行为进行检验,得到了斜率为负的省际税收竞争反应函数。只要斜率不为零,就说明了中国的省际存在着税收竞争,而斜率为负,则说明了中国省际税收竞争采取的是差异化的竞争策略。他们在检验中国国内税收竞争的存在性的时候,采用的是横截面数据,选取了 1992 年和 2003 年两个特殊的年份,前者是分税制改革以前,后者是分税制改革以后,两相对照,发现得到的计量结果除了系数大小有些差异以外,斜率为负的结论都是一致的。

(2) 税收竞争对 FDI 影响的实证研究。

鲁明泓(1997)使用 1989—1993 年不同城市的有关数据检验了外商直接投资在中国各城市的分布,结果发现是否享有税收优惠政策对吸引外商直接投资是显著的。张阳(2006)运用中国各省、市和地区的横截面数据对影响 FDI 的因素进行了实证分析,结果表明税收因素对 FDI 的作用不明显。解垩(2007)运用 1999—2003 年的 31 个省市面板数据,得到的计量结果显示,西部地区的税收因素对 FDI 作用明显,而中东部的税收因素对 FDI 的作用不明显,税收对吸引外资的效果带有明显的区域性特征。

1.2.2 国外研究文献综述

1. 国内税收竞争的规范研究

(1) 研究目标假设。

既有文献对政府行为目标的基本假设可分为两种:大多数研究假定政府追求

本辖区福利最大化;少部分研究假定政府追求预算规模最大化或财政收入最大化(Kanbur and Keen,1993;Flochel and Madies,2002)。这两种假设体现了不同学者对政府行为的认识分歧,其各自推导出的结论也大相径庭。

(2) 税收竞争的工具和对象。

第一,财政竞争(税收竞争)通过税率或其他的财政工具起作用。全面来看,文献集中在两种主要的财政政策工具上,收入方面是税率或税收负担(补贴和不同形式的与税收相关的收益都被隐含在内),支出方面是公共物品的提供水平。后者被分成了两类(Oates,1995):公共投入品(道路、基础设施、研发、法制化)和公共产出(学校、医院、花园、住房设施,等等)。作这种区别的目的是要区分公共物品供给的受益者。公共投入用于进一步开展经济活动,可以作为吸引公司的一种手段,而公共产出用于最终消费,可以更好地吸引劳动力。

第二,任何生产要素都是财政竞争(税收竞争)的对象。理论上讲,上面提到的三种财政工具都可以用来吸引任一生产要素。但是研究中考虑资本居多,因为资本比劳动力或其他任何要素都更加具有流动性。

(3) 税收竞争产生的原因。

西方税收竞争理论认为,税基的流动和财政外部性是税收竞争产生的原因。Oates(1972)在研究美国辖区间的税收竞争问题时,提出了财政外部性的观点,后来由 Zowdrow 和 Mieszkowsky(1986)以及 Wilson(1986)正式提了出来。该效应由一个辖区税率的变化而引起。假如一个地区提高资本税率,且资本是流动要素,那么这种变化就有可能引起资本外流到税率较低的其他区域。文献中将这种变化称为正的外部性,因为政策制定者在作决定时不会考虑第三地区提高税率的税收政策引起的效应。同样,假如一个地区降低税率,则有可能通过吸引其他地区的资本内流而产生负的外部性。因此,当一个地区为了吸引邻近地区的资本而实施积极的政策时,财政竞争(税收竞争)就存在。

(4) 税收竞争对经济增长的影响。

Becker 和 Rauscher(2007)通过一个简单的内生增长模型提出了"对流动性税基竞争强度的增加是否提高了经济增长"这一问题。他们通过这一模型探讨最优税率和长期增长,特别重点考虑成本参数的变化对经济增长和税率的效应。有证据表明,平稳的内生增长路径并不总是存在,场地成本变化的效应是不确定的。关于增长和税收竞争的其他论文包括 Lejour 和 Verbon(1997)、Razin 和 Yuen(1999)、Rauscher(2005)、Lejour 和 Verbon(2005)等,他们把传统的财政外部性导致低税率看成增长的外部性。Razin 和 Yuen(1999)考虑了一个更一般的模型,包括人力资本积累和内生人口增长。他们得出的结论是:沿着均衡增长路径,最优税收应该以属人原则确定税基,资本税应该被取消;假如属地原则在税收竞争辖区得到应用,税收将会从生产的流动性要素转移到非流动性要素。他们扩展了 Judd(1985)得到的那些结论,与标准经济直觉一致。隐含的假定是,政府可选择的税收工具足够多,以至于无扭曲的征税变得切实可行。Rauscher(2005)使用有限辖区间资本流动的动态模型(an ad-hoc model),得出了增长的流动性效应不明确这一结论。文章中的一个重要参数是跨期替代弹性(the elasticity of intertemporal substitution),它不仅影响经济增长率的范围,而且影响比较静态效应的符号。不过,到目前为止,关于税收竞争和增长的文献仍然是相当少的。

2. 国内税收竞争的实证研究

国外学者现在更多关注的是税收竞争的实证研究,而不是规范研究问题。他们关于税收竞争实证研究方面的文献主要集中在两个主题上面:一个主题是估计税率水平和结构对要素流动对的效应;另一个主题是处理各政府间进行税收竞争博弈的战略交互作用,并且估计税收竞争反应函数。

(1)税率水平和结构对要素流动的效应。

在研究加拿大的税收竞争问题时,Mintz 和 Smart(2004)强调,当跨多个辖区的公司有可能在辖区间转移他们的所得时,这会对法定税率和公司税减免产生向下的压力,所得转移也有可能会使真实投资对税率不那么敏感;他们发现,对"所得转移"公司来说,可征税所得相对于税率的弹性是其他公司的两倍大,这说明公司对税收的反应是账面上的,而非真实的。Beaulieu、McKenzie 和 Wen(2004)发现加拿大各省制造业基地的数量对边际成本有效税率很敏感。

（2）税收竞争反应函数的估计。

Brett 和 Pinkse（2000）发现由加拿大大不列颠哥伦比亚自治市设置的公司财产税率，其税收反应函数斜率为正，但是，他们认为对税率和税基决策的联合研究并不支持"由于竞争税基，税收竞争反应函数斜率为正"的假设。Hayashi 和 Boadway（2001）估计了加拿大联邦政府、安大略、魁北克和剩下的其他八个地方政府之间的纵向和横向的税收竞争反应函数，他们以联邦政府作为领导者，检验了纳什制度和斯塔克尔伯格制度，发现税收设置确实存在层次性，安大略可能作为斯塔克尔伯格领导者，紧跟随着是仅对安大略作出反应的联邦政府，然后是对安大略和联邦政府作出反应的魁北克，最后是其他八个省，它们会考虑所有前面的行动者。Brueckner 和 Saavedra（2001）运用波士顿大都市区 70 个城市的数据，验证了财产税收竞争交互作用的存在性。Hérnandez-Murillo（2003）找到了美国各州之间存在战略交互作用的证据，他们发现邻近各州平均税率的弹性与当地经济变量如实际人均收入的弹性，是可比较的。Crisan（2007）运用加拿大 1970—1997 年 21 个产业的边际生产成本有效税率数据集，估计了加拿大最大的六个省的税收竞争反应函数，他们找到了横向和纵向税收竞争的证据，但是有一些反应函数的斜率是负值，因此，加拿大不支持边际成本有效税率"一竞到底"的假设。Jacobs、Ligthart 和 Vrijburg（2007）应用美国各州 1977—2003 年的面板数据，分析了美国各州之间的消费税竞争，找到了州级政府存在战略交互作用的强有力的证据，但是相对于 20 世纪 80 年代来说，20 世纪 90 年代的税收竞争已经减弱了。

1.2.3　对国内外研究文献的评论

国外关于国内税收竞争问题的研究，遵循的都是现代经济学的分析范式，研究思路非常科学和成熟，规范研究和实证研究的成果都很丰富，而且近来转变为以实证研究为主，研究的内容也很深入，这些都为我们研究中国的国内税收竞争问题提供了很好的思路和可资借鉴的方法。

目前，国内大多数学者关注的都是国际间的税收竞争问题，而对国内税收竞争问题的研究相对较少。对国内税收竞争问题的研究基本上还停留在对西方税收竞争理论和模型的介绍阶段,而对中国问题的分析还仅限于中国有没有国内税收竞争、中国国内税收竞争的特征、中国国内税收竞争的成因、中国国内税收竞争的经济效应等的定性分析和判断上,还谈不上对西方税收竞争理论的运用,实证研究方面还非常薄弱,有些国内税收竞争方面的课题至今还无人涉猎,另外,许多深层次的问题,如税收竞争规则的制定等,还有待进行进一步深入研究。总而言之,中国对国内税收竞争问题的研究还刚刚起步。

1.3 本书的研究方法

1.3.1 实证分析为主,规范分析为辅

实证分析的目的是确认事实,弄清因果关系。它要回答的问题是"是什么"、"会怎样"以及"为什么"。如果实证分析的目的是弄清事实,那么规范分析的目的就是分清是非,它回答的问题是"该怎样"。要回答这些问题,就要确立一套理论体系来说明什么是"好",什么是"不好"。这是规范分析的首要任务,如果没有一套评价标准就无从说好还是不好,就不能回答"该怎样"这一问题。显然,"什么是好,什么是不好"涉及价值判断和伦理观念。

本书在研究方法的选择上主要是以实证分析为主,规范分析为辅。本书根据中国官方公布的统计数据,对地方政府间的税收竞争状况进行实事求是的描述,运用计量经济学的方法,对地方政府间的税收竞争反应函数分别作了静态估计和动态估计,找到了在中国地方政府间存在税收竞争战略行为的确切证据,确认税收竞争在中国是一种客观存在的政治经济现象。同时,还运用计量经济模型对东、中、西部地区内部的税收竞争反应函数分别作了动态估计,发现了它们各自在分税制改革前后税收竞争的运行规律。但是中国地方政府间的税收竞争究竟是

好的还是坏的呢？判断地方政府间税收竞争好坏的标准究竟是什么呢？中国地方政府间开展税收竞争有哪些利弊呢？针对税收竞争的不利的方面，中国政府应该采取什么样的政策来进行规范？这些显然都是规范研究需要回答的问题。

1.3.2　定性分析与定量分析相结合

定性分析就是对事物的质的分析，即分析事物的性质和影响事物发展变化的因素。定量分析就是对事物的量的分析，即分析事物的规律、水平、结构、比例、程度、事物间的依存关系及事物内部各因素对事物总体变化的影响方向和程度等等。通过定量分析能够更深刻地认识事物的本质，使定性分析精确化。定量分析和定性分析是紧密结合在一起的，定性是定量的基础，正确区分事物的质是认识事物量的前提。一般地讲，在定性分析的基础上，着重进行定量分析，研究事物的数量表现、数量联系和数量界限，才能达到进一步深入认识事物的本质及其规律性的目的。

本书对中国地方政府间开展税收竞争的制度背景作了详细的分析，认为改革开放以后经济体制转轨使得原有的经济利益体系发生了变化；财政税收体制由"统收统支"向"分级包干"、"分税制"转变；为了使一部分地区先富起来，财税上配合实施了区域性税收优惠政策；政府官员的政绩考核评价制度在改革开放以后主要是以 GDP 指标来作为官员晋升的标准。所有这些制度都在客观上推动了中国地方政府之间税收竞争的开展，尽管中国的税收立法权依旧高度集中在中央政府手中，地方政府间的制度内税收竞争只能体现在对区域性税收优惠政策的争夺上，但是改革开放以后，随着经济体制的转轨和财政分权改革，各级地方政府逐步成为了相对独立的经济利益主体，再加上官员受 GDP 考核指标的驱使，地方政府间的税收竞争必然会日趋激烈，这种竞争不会仅仅体现在对税收优惠政策的争夺上，它们相互之间更多开展的是制度外的税收竞争。

为了写作本书，笔者从官方公布的统计资料中搜集到了大量的原始数据，包括各省的生产总值、一般预算收入、预算外资金收入、一般预算支出、人口状况、人均地区生产总值、地区生产总值指数、商品零售价格指数等。然后再根据这些原始数据计算出了各省每年的一般预算内平均宏观税负、预算外平均宏观税负、预算内外收入之和的平均宏观税负、以 1978 年不变价格表示的人均地区生产总值、以 1978 年不变价格表示的人均公共支出、铁路距离权重等,并对这些数据按照不同的组合分别作了描述性统计。

1.3.3　归纳法

归纳是从可观察到的实在(事实、数据)中得出新的概括的经验过程,它不依赖于以前的知识(唐·埃思里奇,1998,第 85 页)。亚当·斯密是运用归纳分析方法的最早的代表人物,他对不同时期和不同地域的历史资料进行了详尽的研究,从而得出了他的劳动分工一般原理,即作为经济增长基础的劳动生产率提高的程度,是生产专业化的结果(谢拉·道,2005,第 90 页)。本书通过对现行的一系列制度背景进行实事求是的分析,归纳出中国地方政府间有进行税收竞争的充要条件,地方政府间的税收竞争是客观存在着的;通过对各省 1978 年以来预算内平均宏观税负、预算外平均宏观税负、人均地区生产总值和人均公共支出等数据的描述性统计和分析,归纳得出中国地方政府间存在正向税收竞争的结论,总结出分税制改革前后全国各地方政府间和东、中、西部地区内部各地方政府间税收竞争的规律。

1.3.4　比较研究法

比较研究法是 20 世纪七八十年代以来迅速兴起的一种研究方法,在社会科学研究中非常盛行。比较研究方法,又称类比分析法,是指对两个或两个以上的事物或对象加以对比,以找出它们之间的相似性与差异性的一种分析方法,它是人们认识事物的一种基本方法。本书运用比较研究法分析了该研究与国内同类研究的差异和相似之处,对比了分税制改革前后的税收竞争状况。

1.4　本书的研究思路和结构安排

1.4.1　研究思路

本书主要是根据 1978 年以来的经验数据对中国地方政府间的税收竞争进行实证分析,再在实证研究的基础上,对如何使中国地方政府间的税收竞争合理有序地进行,作了规范性分析。

首先,本书对税收竞争的概念作了界定,在此基础上交待了本书的研究范围仅限于中国地方政府间的税收竞争,然后对税收竞争理论作了详细的梳理,归纳起来,主要包括税收竞争有效理论和税收竞争无效理论两个方面。

其次,本书对中国地方政府间开展税收竞争的制度背景作了分析,为后面所要进行的实证研究打下基础。这部分内容属于定性分析,通过对中国改革开放以后一系列制度演变的介绍,可以归纳得出中国地方政府间必然客观存在税收竞争战略行为。

再次,本书用了三章的篇幅来对中国地方政府间的税收竞争进行实证研究。实证研究的主要目的在于:第一,与国内同类研究结果进行对照,分析出现差异性的原因在哪里。由于国内同类研究使用的是截面数据,为了方便进行比较,所以本书也用截面数据估计了静态的税收竞争反应函数。第二,运用面板数据估计中国地方政府间的税收竞争反应函数,并找出分税制改革前后的税收竞争规律。面板数据模型得到的结果要比截面数据模型得到的结果可靠得多。第三,将全国划分为东、中、西部三大地区,分别估计了它们内部各自的税收竞争反应函数,找出了它们在分税制改革前后各自的税收竞争规律,比较了东、中、西部地区税收竞争的差异。

最后,结合制度背景和实证研究的内容,提出了规范地方政府间税收竞争的政策建议。

1.4.2 结构安排

全书共分7章。第1章为引言部分,提出本书所要研究的几个主要问题,对国内外相关文献研究作综述,交代本书所运用的研究方法以及研究思路,指出本书的创新与不足之处。第2章澄清几个重要概念,详细阐述本研究得以进行的理论基础。第3章对中国地方政府间开展税收竞争的制度背景作详细分析,主要包括经济体制转轨、财税体制转轨、区域性税收优惠政策和政府官员政绩考核评价制度四个方面。第4章运用1992年和2006年的截面数据模型估计中国地方政府间税收竞争反应函数,并与国内同类研究作比较。第5章运用1978—2006年、

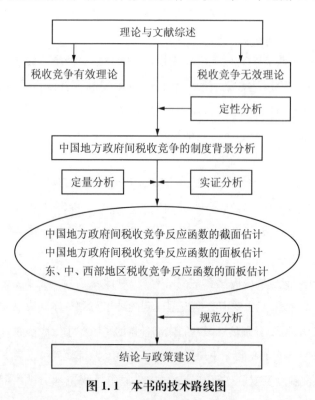

图1.1 本书的技术路线图

1987—2006 年的面板数据模型估计中国地方政府间税收竞争反应函数,并对分税制改革前后的税收竞争状况作对比。第 6 章运用 1978—2006 年、1987—2006 年的面板数据模型估计东、中、西部地区内部各自的税收竞争反应函数,并对它们分税制改革前后的税收竞争状况作对比。第 7 章交代全书的主要研究结论,并在前述研究的基础上,对如何引导税收竞争走向合理有序提出几点规范性的政策建议,然后提出研究展望。

1.5　本书的创新与不足之处

1.5.1　本书的创新点

1. 分析了中国地方政府间税收竞争的制度背景

任何一国的国内税收竞争都是基于一定的制度背景来展开的。本书对中国地方政府间税收竞争的制度背景作了比较全面的分析和归纳:1978 年以来中国的经济体制开始转轨,由原来的计划经济渐进转型为市场经济,与此同时,各个主体包括地方政府都逐步拥有了自己相对独立的经济利益,这使得地方政府具备了开展税收竞争的主观能动性;中国的财税体制由"统收统支"、"分级包干"转变为了"分税制",中央与地方的收支关系得到了进一步的明确和规范,但是税收立法权依然控制在中央政府手中,所以这种财政分权是不完全的,存在着缺陷,必然会导致地方政府间税收竞争的不合理、不合法;中国实行的是区域性税收优惠政策,这也是地方政府间开展制度内税收竞争所能使用的主要手段;政府官员的政绩考核评价制度中,主要是以可量化的 GDP 指标来作为官员晋升的标准,这使得官员们会想尽各种办法来促进当地的经济发展,其中税收竞争就是一种被经常采用的手段,官员在自身利益的驱动下,不惜通过恶性税收竞争来获得短期的经济增长,为自己捞取获得晋升的政治资本。

2. 构建了符合中国国情的税收竞争反应函数模型

应该说国内外学者在估计税收竞争反应系数以证明税收竞争存在性的时候，所构建模型基于的原理基本上是一致的：都是考察给定地区税率对其他竞争性地区税率的变化所作出的反应。但是在对权重和控制变量的选取上存在着差异。由于给定地区的竞争对手通常不止一个，而是许多个，这些竞争对手的重要性是不同的，这就需要对它们赋予不同的权重值。本书以铁道距离即各竞争性省份与给定省份的邻近程度来作为判断这些竞争性省份对给定省份重要程度的标准，距离越近，竞争越激烈，所赋予的权重值也就越大。本书选取了给定省份的人均生产总值和人均公共支出作为控制变量，与沈坤荣、付文林（2006）略有不同，他们选取人均 GDP、政府机关职工比重和中小学在校生比重作为模型的控制变量。尽管笔者坚持认为以人均生产总值和人均公共支出作为控制变量更为合理，但是这种差异只会影响估计值的大小，并不会对税收竞争反应系数值产生方向性偏误。

3. 对中国地方政府间的税收竞争反应函数作了截面估计

为了与国内的同类研究进行比较，本书选取了 1992 年（分税制改革前）和 2006 年（分税制改革后）两年的截面数据对中国地方政府间的税收竞争反应函数进行截面估计，得到的结果与沈坤荣、付文林（2006）迥然不同。笔者在文中详细分析了出现这种根本性差异的原因，并指出沈坤荣、付文林（2006）的研究结果是不符合经济直觉的。

4. 利用面板数据对中国地方政府间的税收竞争反应函数作了面板估计

本书利用面板数据对中国地方政府间的税收竞争反应函数作了面板估计，这在国内尚属首例。面板数据得到的估计结果要远比截面数据来得可靠，尤其税收竞争是一个动态过程，是各级地方政府反复博弈的结果，因此，要想客观全面地了解中国地方政府间税收竞争的状况，仅用截面数据进行计量估计是不够的。本书利用面板数据模型得到的估计结果，与截面数据模型得到的估计结果没有方向性差异，即税收竞争反应系数的符号一致，均为正值。

5. 对东、中、西部地区内部各自的税收竞争反应函数进行面板估计

考虑到中国地区之间经济发展极其不平衡、地域辽阔的客观情况，本书对东、

中、西部地区内部各自的税收竞争反应函数作了面板估计,因为税收竞争更容易在地理位置接近、经济环境类似、经济发展水平相同的地区之间发生。分区域利用面板数据估计税收竞争反应函数,这在国内也是第一次。在这部分本书发现了一个重要规律:经济越发达的地区,税收竞争越弱,经济越落后的地区,税收竞争越激烈。当然,三大地区的所有税收竞争反应系数均显著为正。

6. 做了大量的数据搜集、整理和计算工作

由于国内学者目前所做的工作主要集中在定性分析和规范分析方面,只有个别学者做了一些实证分析工作,但是也基本上仅限于截面数据模型,数据的搜集、整理工作较少。而本书的数据搜集涉及了 1978—2006 年的 31 个地方政府,工作量较大,更重要的是,模型中的数据全部都是笔者根据所搜集到的原始数据计算而得,有的还要经过多次换算,才能得到最终结果,这些基础性的工作都是国内学者还没有做过的。

1.5.2　本书的不足之处

本书在估计税收竞争反应系数的时候,是将平均宏观税率作为因变量和解释变量,这样做仅仅是出于方便数据搜集、整理和计算的目的,但是这也意味着本书在实证分析中国地方政府间税收竞争的时候,考虑了所有的税种、税收收入和准税收收入,但是在实际经济生活当中,各个税种对流动要素的吸引力大不相同,通常所得税都是要素流动时重点考虑的税种,所以为了吸引流动要素的进入,各级政府通常都会承诺在所得税上给予种种优惠。所以,如果能够选取某一或某几个税种来探讨中国地方政府间的税收竞争,效果会更好。

第 2 章

基本概念的界定与理论基础

2.1 基本概念的界定

2.1.1 大国

　　本书的研究对象是大国地方政府间的税收竞争,因此首先必须界定清楚什么
是"大国"。国内外很多学者都阐述过大国的概念,欧阳峣和罗会华(2010)总结了
这些学者的观点:库兹涅茨(Simon Smith Kuznets)在《各国的经济增长》一书中采
用人口作为尺度,并以1 000万作为分界线把国家分为大国和小国两类;钱纳里在
《发展的格局:1950—1970》一书中,将人口在2 000万以上的国家称为大国;张李
节(2007)将国土面积超过100万平方公里、人口超过1亿的国家称为大国;童友
好(2001)认为大国是指地域辽阔、资源丰富、人口众多、国内市场巨大、工业部门
体系齐全、总经济规模较大,对世界经济有相当影响力的国家。可见,学界对于
"大国"的界定并没有一个统一的说法。

　　国内横向税收竞争必定在两个或两个以上的地方政府之间展开,税收竞争的
激烈程度跟经济发展水平和地理邻近程度有很大的关系,并且税收竞争不可避免
地要受到政治体制因素的影响,因此,本研究主要根据税收竞争的特点,从经济总
量、行政区划、国土规模三个要素出发遴选"大国"。中国、美国、印度、俄罗斯、巴
西、南非都符合以上三个要素的总量特征,并且在政治体制的设计上各自都具有

非常鲜明的特征。当然,本研究中的"大国"特指中国。

2.1.2　竞争

约翰·穆勒(1990,第 270 页)认为,"只有通过竞争原则,政治经济学才配得上称为科学"。竞争是经济学研究领域不可回避的问题,而且不仅仅私人部门经济学关注竞争机制,公共部门经济学也涉及大量的竞争问题。竞争是经济学研究中的核心问题,离开了竞争,经济学就不能称其为一门完整的学科了。

经济学上的竞争是指人与人之间的竞争,或由具体的个人构成的组织与组织之间的竞争,但是组织与组织之间的竞争本质上还是人与人之间的竞争。在鲁宾逊的一人世界中,竞争是不存在的,因为无人与之竞争。在社会中,没有竞争的人与人之间的行为是不存在的,即使在垄断的情形下,竞争也是存在的,比如人们对垄断权的争夺就是一种竞争,或者以相近的、可替代的产品与垄断市场上的产品竞争。即使在计划经济社会,竞争也是存在的,只不过竞争的形式不同罢了,弱肉强食是竞争,权力斗争是竞争,走后门、论资排辈、等级特权等等,也是竞争形式。道理很明显,凡是多过一个人需求同一经济物品,竞争就必定存在(张五常,2003,第 30 页)。

柯武刚(Wolfgang Kasper)和史漫飞(Manfred E. Streit)在其《制度经济学——社会秩序与公共政策》一书中对"竞争"做了一个完整的定义,他们认为"竞争"是市场中买方和卖方间相互交往的演化性过程:购买者们竞相获取有关的知识,这主要涉及去哪里购买、如何购买、什么新产品处于试验中,如何做成一笔有利的生意;销售者们则与供给密切替代品的其他供应者争胜,目的是利用新知识使自己在面对潜在购买者时占有优势地位。这种知识涉及产品变化和生产工艺,涉及组织、交流和销售方法,还涉及可能的交易伙伴。同时,在市场中还进行着买方与卖方之间的交易。这些交易传递着信息:交易是否有利可图(以及是否可能被仿效)或是否会造成亏损,这样就能通过寻找新的替代办法改正错误。实际的和潜在的交易机会在市场的供求双方内部激发争胜。竞争的全过程会对寻找和试验有用知识的行为造成很强的激励。因为竞争者们冒险投入了自己的私人财产,并要对他们的行动和错误负责。竞争的强度取决于市场中供求双方投入交易成本的倾向,以及保护竞争的制度(柯武刚、史漫飞,2000,第277—278页)。竞争即争胜和选择,是一个发现过程。竞争者在争胜的过程中,面临着构造性限制:个人面临着"横向不确定性"(sideways uncertainty),即不清楚他人正在干什么;同时还面临着"前向不确定性"(forward uncertainty),即不清楚未来会发生什么。竞争的功能在于减少无知、扩散知识、抑制错误。显然,柯武刚和史漫飞是基于私人部门经济学的角度来给竞争下的定义。

施蒂格勒(Stigler)对竞争作了如下定义:"竞争系个人(或集团或国家)间的角逐,凡两方或多方力图取得并非各方均能获得的某些东西时,就会有竞争。"[①]在这里,施蒂格勒明确指出竞争不仅存在于个人之间,也存在于集团或国家之间。

本书中的"竞争"主要发生在地方政府之间,属于公共部门经济学研究的范畴。

2.1.3 税收竞争

税收竞争(tax competition)是本文的一个核心概念,它贯穿了全文始末,所以笔者要费较多的笔墨来详细介绍它,并将它与一些相近的概念进行比较。下面笔者来介绍什么是税收竞争,以及它与政府竞争、财政竞争有何联系和区别。

1. 税收竞争的定义

大家普遍认为 Tiebout(1956)模型是国内税收竞争研究的起源,尽管该模型中从始至终并未出现"税收竞争"这个词汇。Oates(1971, p. 143)指出,税收竞争也许会导致地方服务的产出水平效率低下的趋势。地方官员在试图通过低税收吸引企业投资的时候,也许会控制支出在边际收益等于边际成本水平以下,尤其是针对那些没有为地方企业提供直接收益的计划。这应该是西方经济学界第一

---

① 《简明帕氏新经济学词典》(中文版),中国经济出版社1991年版,第684页。

次明确提出"税收竞争"这个词。

Wilson(1986)将税收竞争分为狭义、中义和广义三个层次,分别定义如下:

狭义的税收竞争是指各独立政府在税收的设置上是非合作的,每一个政府都通过税收设置去竞争流动性税基。例如:资本税竞争是为了竞争流动资本;商品税竞争是为了竞争流动性购买者。

中义的税收竞争是指各独立政府在税收的设置上是非合作的,每个政府的税收政策会影响到其他政府可得到的税收收入水平。例如,纵向的税收竞争即两级政府对同一税基征税。

广义的税收竞争是指各独立政府在税收的设置上是非合作的。例如,"大国"通过资本税的使用来达到满意的贸易条件效应(即资本输出者试图增加输出资本的回报,而资本输入者试图降低支付给输入资本的回报)。

在 Wilson 看来,税收竞争是各独立政府在税收设置上的非合作行为,这种税收上的非合作行为要么是为了竞争流动性税基,如劳动力、资本,要么是为了影响其他政府的税收收入水平,等等。

Goodspeed(1998)认为,当一个政府实施的税收制度影响了另一个政府实体的税收制度,通常是影响了另一个政府实体的税收收入的时候,税收竞争就产生了。可见,Goodspeed 所理解的税收竞争是指各个政府之间的税收制度竞争。

西方财政学界一般将"税收竞争"定义为:"各地区通过竞相降低有效税率,或实施有关税收优惠等途径,以吸引其他地区财源流入本地区的政府自利行为。"(薛钢等,2000)这也是被国内研究税收竞争问题的专家学者引用次数最多的一个定义。

国内也有很多学者对"税收竞争"下了定义。

靳东升(2003)认为,西方关于"税收竞争"的定义仍不全面,税收竞争应为:政府通过税收手段,吸引经济资源到自己的管辖范围,促进本地区经济发展的一种自利行为。上述定义表述了四层含义:实施税收竞争的主体是政府,即有税收管辖权的本国各级政府或外国政府;竞争的工具是税收,包括税制的设计、税收政策的调整和一切税收行为;竞争的目的是吸引经济资源,促进本地区经济发展,包括吸引资金、技术和劳动力等;税收竞争存在的状态是一种行为,这项行为有利于采取行动的政府,而不考虑对其他方面的不利影响。

周克清、郭丽(2003)认为,税收竞争是指政府间为增强本级政府(及其所属部门)的经济实力,提高辖区(或部门)福利,以税收为手段进行的各种争夺经济资源及税收资源的活动。税收竞争是政府间竞争的重要内容,是制度竞争或体制竞争的重要组成部分。一般来说,国内政府间税收竞争包含三个层次的内容,即上下级政府之间的竞争、同级别政府之间的竞争以及一级政府内部各部门之间的竞争,它主要通过税收立法、司法及行政性征管活动来实现。

葛夕良(2005)在综合了国内外诸多关于税收竞争研究文献的基础上,对"税收竞争"作了如下定义:指不同的具有一定或完全税收自主权力的辖区政府之间为了最终拓宽本辖区的税基或最大化本辖区居民的福利,而动用财政手段之一的税收手段进行的制度框架内的隐性和显性角逐行为及其博弈过程,主要是一种政府间在税收制度上的竞争行为,它反映了不同辖区政府之间的一种竞争关系。并且他还总结出了"税收竞争"的九大明显特征:税收竞争的主体必须是辖区政府;辖区政府间进行的税收竞争基本上是一种税收政策或制度上的竞争,如整体税负制度的设计、单个税种的开设与废止、税率的提高与降低、税目的多与少、退税率的高与低,以及其他税收优惠政策和措施等;每一个参与税收竞争的辖区政府必须具有独立或者相对独立的经济利益,而经济利益的争夺是税收竞争的首要目标;税收竞争的前提条件是市场经济和财政分权条件下的政府税收权力的自主性和开放型市场经济条件下的要素流动性;税收竞争中各个辖区政府的竞争行为都是制度框架内的行为,制度框架外的税收竞争行为是不允许的;税收竞争是辖区政府间竞争的一个重要内容[1];税收竞争包括纵向税收竞争和横向税收竞争两大部分,横向税收竞争主要以减让税收收入为主,纵向税收竞争主要以增加本级政府的收入为主;辖区政府之间的税收竞争既包括政府间积极的显性税收竞争,也

---

[1] 根据美国 1991 年政府间关系指导委员会的报告,辖区间竞争,也称政府间竞争,包括税收竞争、公共服务竞争、规制竞争、经济发展竞争等多个方面的竞争。

包括政府间被动的隐性税收竞争①;"税基竞争"和"竞争税基"是有区别的,前者指辖区政府通过对税基宽窄的调整而进行的税收竞争,后者指辖区政府利用各种可利用的手段进行的为了扩大税基的竞争。

林翰、刘鸿渊(2006)认为,税收竞争就是"政府利用各种税收政策和手段争夺经济资源和税收资源的自利行为"。

综合国内外学者的观点,本书对税收竞争定义如下:税收竞争是分别具有相对独立政治经济利益的政府,通过竞相降低有效税率或者实施税收优惠等手段,以吸引其他地区的流动性生产要素流入本地区的自利行为。

2. 税收竞争的分类

关于税收竞争有很多种分类方法,以下将一一进行介绍。

(1)国内税收竞争和国际税收竞争。

根据竞争范围来划分,税收竞争分为国内税收竞争(internal or subnational tax competition)和国际税收竞争(international tax competition)。国内税收竞争是在一个主权国家内不同的辖区政府之间展开的,而国际税收竞争是在不同的主权国家之间进行的。西方财政学界首先关注的是国内税收竞争问题。迄今为止,国际上对国内税收竞争问题的研究已有 52 年的历史。随着经济全球化的日益深化和资本、劳动力在全球范围内的流动,各国或地区为了促进经济的增长,利用税收或其他手段对流动性生产要素展开了激烈的争夺,国际税收竞争问题也随之引起了学术界的广泛关注。可以说,国际税收竞争研究是对国内税收竞争研究的一种拓展。不过,国际税收竞争和国内税收竞争还是存在着相当大的差异,其中最主要的方面就体现在国际税收竞争不存在非法的问题,因为每个参与国际税收竞争的国家或地区都是具有完全税收立法权的主体,而国内税收竞争不一样,它存在合法与非法的问题。本书所研究的税收竞争问题严格界定在国内税收竞争范围之内。

---

① 积极的显性税收竞争包括这样两种情况:一是指辖区政府为了获取区外有益的稀缺资源而采取的税收制度和政策,二是指辖区政府为了防止本地区生产要素外流而采取的有利于生产要素留驻本地区的税收制度和政策。被动的隐性税收竞争是指商品、服务、人员和资本等要素的自由流动约束了财政分权条件下享有一定税收自主权的辖区政府的税收行为。

（2）横向税收竞争和纵向税收竞争。

按参与竞争的政府主体的级别来划分，税收竞争可以划分为纵向税收竞争（vertical tax competition）和横向税收竞争（horizontal tax competition）。上下级政府之间的税收竞争为纵向税收竞争，如中央政府与地方政府之间的税收竞争，级别高的政府与下属政府之间的税收竞争。不具有隶属关系的政府及政府部门间的税收竞争为横向税收竞争。本书所研究的税收竞争为横向税收竞争。

（3）制度内税收竞争和制度外税收竞争。

按照竞争是否遵循既定的"游戏规则"，税收竞争可以分为制度内税收竞争和制度外税收竞争。制度内税收竞争是指各地采用的税收竞争手段符合税收法律的规定，是法律所允许并加以约束的，具有高度规范性和透明度。制度外税收竞争则是指地方政府为了局部利益，采用一些不合乎制度规定甚至是税法明令禁止的竞争手段。在中国，制度外税收竞争表现得尤其突出（刘笑萍，2005）。

以上三种税收竞争分类方法经常被提到。此外，还有一些其他形式的分类方法，如根据竞争的手段可以将税收竞争分为税收立法竞争、税收司法竞争和税收征管竞争；根据竞争的形式可以将税收竞争划分税收优惠竞争、财政返还竞争和公共服务竞争；根据竞争的公开程度可以将税收竞争分为显性税收竞争和隐性税收竞争；根据竞争的对象可以将税收竞争分为税收资源竞争和经济资源竞争；根据竞争的程度可以将税收竞争分为失度税收竞争和适度税收竞争，等等。

3. 税收竞争与政府竞争、财政竞争的联系与区别

谈到税收竞争，就不能不提及政府竞争和财政竞争，虽然这三者之间存在着明显的区别，但是又有着千丝万缕的联系。

与税收竞争类似，对政府竞争（intergovernmental competition）的定义在学者之间也存在着较大的差异。"政府竞争"一词源于 Breton（1996）引入的"竞争性政府"（competitive governments）概念：在联邦制国家中政府间关系总体上来看是竞争性的，政府之间、政府内部部门之间以及政府与政府之外行为主体之间迫于选民和市场主体（企业等经济主体以及工会等非经济主体）的压力，必须供给合意的非市场供给的产品和服务，以满足当地居民和组织的要求（周业安等，2004）。

此外,在已有文献中出现的"地域竞争"(territorial competition)、"宪制竞争"(constitutional competition)或者"辖区竞争"(competition among jurisdictions)等也可以作为与政府竞争类似的概念。

Kenyon(1997)在《辖区间竞争理论》一文中总结了关于"辖区间竞争"的三种定义:

第一个定义是由 U. S. ACIR(1991,p. 9)作出的:辖区间竞争是每一个政府都设法赢得一些稀缺的利益资源,或者每一个政府都寻求避免特定的成本。政府努力使用税收激励和其他经济发展激励来吸引或保留潜在流动的企业显然适合这个定义。这个定义可以被称为"积极的竞争"。

第二个定义为:辖区间竞争是在一个联邦制度内,货物、服务、人和资本的自由流动约束了独立政府的行为。这个定义可以被称为"隐性的竞争"。

第三个定义是由 Breton(1991,p. 40)作出的:假如一个辖区的公民使用其他辖区执行政策的信息,来测量和评估他们自己政府的绩效,那么这个过程将会加大国内的选举竞争,激励从事管理的政客更好地按照有益于公民的方式作为。这个定义可以被称为"标杆竞争"(yardstick competition)。

"隐性的竞争"定义强调将 Hirschman 的退出机制作为个人和商业能够影响州和地方政府政策的方式,"标杆竞争"定义则强调 Hirschman 的发言机制(Hirschman,1970)。

何梦笔在《政府竞争:大国体制转型理论的分析范式》一文中给出了政府竞争的基本框架。

关于"财政竞争"(fiscal competition)的研究也有很多,Cremer 等(1996)、Wildasin(1998)、Wilson(1999)、Wilson 和 Wildasin(2004)都专门探讨过财政竞争问题,其中很多重要思想 Oates 在 1968 年就已经提出来了。Wildasin(2005)对"财政竞争"是这样描述的:一个州为了与另外一个州竞争高筹码的产制方案,政治家们提供一揽子的配套措施,如免税期、基础设施项目、放松管制、为了吸引一个公司进来提供直接的补贴、预先给出"经济发展"、"就业"的理由,或者其他假定合意的经济成果。当然,这还不是财政竞争的全部形式,一一列举太难。

国内学者关注税收竞争和政府竞争的较多,而专门研究财政竞争问题的人较少,目前更没有人将它们放在一起考虑,分析这三者之间的联系和区别。

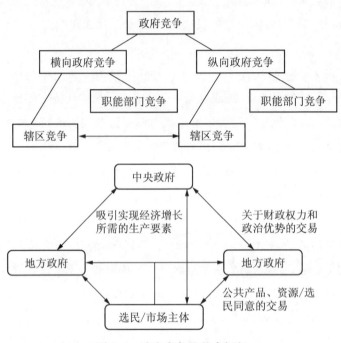

图 2.1 政府竞争的基本框架

对税收竞争、政府竞争和财政竞争的研究,都是起源于 1956 年的 Tiebout 模型。应该说,它们之间有很强的联系,讨论时很容易将它们混淆。无论是税收竞争,还是政府竞争和财政竞争,其竞争的主体都是国家和各级政府,竞争的对象都是各种经济资源和政治资源,竞争的动因都是因为国家和各级政府具有自己独立的经济利益和政治利益,但是它们各自竞争的手段和工具、竞争的范围却存在一些差异。税收竞争的手段和工具主要是各种税收,涉及税收制度以及与税收相关的各种法律法规;财政竞争的手段和工具则包括财政收入和财政支出两个方面,除涉及税收外,还有各种规费、债务,以及教育、医疗、基础设施支出等,可以说财政竞争涵盖了税收竞争;政府竞争包含的内容更广泛,不仅包括财政竞争和税收竞争,还包括各种规制竞争、政策竞争(如产业政策)等,总之政府作出的各种行为都可以包含在政府竞争的范围内。

政府竞争、财政竞争和税收竞争三者之间的关系可表示为图 2.2。

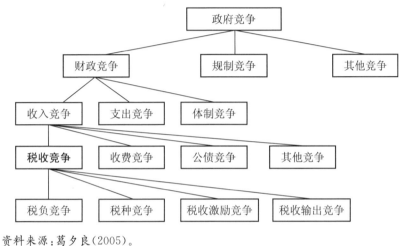

资料来源:葛夕良(2005)。

图 2.2　政府竞争、财政竞争和税收竞争关系示意图

2.2　研究的理论基础

2.2.1　财政分权理论

1. 基本内容

财政分权理论在中国也被称为政府间财政关系理论。财政分权理论是为了解释地方政府存在的合理性和必要性,弥补新古典经济学原理不能解释地方政府客观存在这一缺陷而提出来的,即解释为什么中央政府不能按照每个居民的偏好和资源条件供给公共品,实现社会福利最大化,从而论证地方政府存在的合理性和必要性(张清华,2005)。

Hayek(1945)认为,地方政府可以更好地掌握地方信息,这使得地方政府比中央政府提供公共物品和服务更有效率。Tiebout(1956)则认为辖区间竞争提供了一种分类机制,使得公共物品和服务能更好地与消费者偏好相匹配。施蒂格勒(1957)在《地方政府功能的有理范围》中提出了地方政府存在的必要性的两条基本原则:一是与中央政府相比,地方政府更接近于自己的民众,地方政府更了解它所管辖公民的效用与需求;二是一国国内不同的人们有权对不同种类和不同数量的公共服务进行投票表决。这就说明了地方政府的存在是为了更有效地配置资源,由地方政府来进行资源配置比中央政府更有效率,从而实现社会福利的最大化。

Musgrave(1959)明确提出了财政分税制思想,他认为在财政的资源配置、收入分配与经济稳定三大职能中,由于地方政府缺乏充足的财力和经济主体的流动性,后两个职能应由中央政府负责,而资源配置职能由地方政府负责,会更有利于经济效率的提高和社会福利水平的改进。他还指出中央政府和地方政府间必要的分权是可行的,这种分权可以通过税种在各级政府间的分配固定下来,从而赋予地方政府相对独立的权力,这种分税制可以称为"财政联邦主义"。

Oates(1972)认为中央政府忽视了人们的不同偏好,因而在提供公共产品和服务上达不到帕累托最优,而地方政府与当地民众接近,更了解他们的兴趣和需要,所以由地方政府履行配置资源的功能会更有效率。由此,Oates提出了"财政分权定理"——让地方政府将一个帕累托有效的产出量提供给它们各自的选民,则总是要比由中央政府向全体选民提供任何特定的并且一致的产出量有效得多。

特里希从信息不完全和非确定性出发,对中央政府完全了解社会福利函数偏好序列提出疑问,提出了"偏好误识"理论,即中央政府有可能错误地认识社会偏好,从而错误地把自己的偏好强加于全民头上。由此为地方分权提供了理论依据(张清华,2005)。

Musgrave、Oates和特里希等人的思想一起构成了财政分权理论。财政分权理论强调将税收和支出的权力恰当地分配给不同级别的政府,以增进社会福利。传统理论也强调过度分权会导致一系列问题,如配置的扭曲、地区不均(差距)和财政不稳定。这是第一代联邦主义理论。

第二代联邦主义理论,如"市场保护联邦主义",强调了一个附加的,也许是更为重要的分权利益。第二代理论的基本含义是:某几种分权和联邦主义可以更好地激励政府支持市场发展和经济繁荣。通过将权利从中央移交到地方层级,联邦主义对中央政府的干预主义角色设定了限制。强调有两种机制可以激发地方政府繁荣经济的兴趣:地方政府之间横向的交互作用和不同层级政府之间纵向的交互作用。第一,在有商品和要素流动的共同市场下,辖区间竞争是一个重要的激励机制:竞争会奖赏那些对市场友好的政府,这时要素流到它们所在的辖区;竞争会惩罚那些严重干预市场的地方政府,这时它们会失去有价值的生产要素。第二,地方支出和地方收入之间极强的关联性,使得地方政府官员有很强的财政激励去培育繁荣的地方经济。这种极强的关联性要求对辖区间的转移支付在两个方向进行限制——限制中央政府对更低层级政府的勒索,限制中央政府的软预算约束,以免对财政轻率的地方政府进行补贴。

第二代理论有两个新的焦点:第一,它们放弃了"仁慈政府"的假定,强调政府政治和财政激励的重要性,提出在什么环境下地方政府有动力将地方福利最大化;第二,新的理论超出了财政的观点来研究政府和经济代理商之间的关系。

第二代理论的工作包括:McKinnon(1997),Qian 和 Roland(1998),Weingast(1995),Qian 和 Weingast(1997),Wildasin(1997)。这些文章反过来又建立在Buchanan 和 Brennan(1980)、Inman(1988)、Inman 和 Rubinfeld(1997)等人重要贡献的基础之上(Jin, et al. ,2005)。钱颖一等人将激励相容与机制设计学说引入财政分权理论当中,他们都假定政府并不是普济众生式的救世主,政府官员也有自己的物质利益,只要缺乏约束就有可能从政治决策中"寻租"。一个有效的政府结构应该实现官员和地方居民福利之间的激励相容。

2. 西方财政分权理论与税收竞争

随着中央政府将财政收支权力下放给地方政府,再加上生产要素的流动,中央政府与地方政府之间以及各地方政府之间的竞争将不可避免,这一论断在各国经济发展的实践中也得到了检验。无论是政府间的纵向竞争还是横向竞争,大家关注得最多的都是税收竞争,实际上它也表现得最为激烈。

但究竟税收竞争是值得提倡还是应该抑制,在经济学家之间存在相当大的分歧,规范公共经济学家和公共选择学派的观点可以说截然相反,他们之间最典型的区别就在于对政府的看法不同。规范公共经济学家们(Zodrow and Mieszkows-ki,1986;Musgrave,1997)认为政府是仁慈的,追求社会福利的最大化,由这一假设前提他们得出的结论是,因为分税制而引发的越来越激烈的税收竞争,会导致公共物品提供的不足,因而税收竞争是无效率的。他们倾向于支持重建集权制度或者在不同的政府之间构建政策协调制度(门特西诺·洒吐,2004)。公共选择学派(Brennan and Buchanan,1980;Frey and Eichenberger,1996)则认为政府是自利的,是利维坦型的政府,追求财政收入的最大化,由这一假设前提他们得到的结论是,税收竞争增进了社会福利,对政府预算形成了有效的约束,因而税收竞争是有效率的。因此,他们对于财政权力的下放是持欢迎态度的。

税收竞争必然是和财政分权联系在一起的,只是税收竞争究竟是增进了效率还是降低了效率,在经济学家之间还存在相当大的分歧。因为对政府的看法不一致,所以在税收竞争的争论上永远不可能会有统一的意见。

2.2.2 税收竞争理论

自 Tiebout 模型创建以来,关于税收竞争的理论就在不断发展,特别是到了 20世纪 80 年代,随着现实中税收竞争的不断加剧,理论界对税收竞争的关注热情更是空前高涨,越来越多的学者开始加入对这一话题的讨论中,争论也越来越激烈,大家各持己见,莫衷一是。但是,所有关于税收竞争的争论都可以归结为税收竞争究竟是有效的还是无效的两个方面,相应地,税收竞争理论也可以归纳为税收竞争有效理论和税收竞争无效理论两大类别。

1. 税收竞争有效理论

(1)Tiebout 模型。

大家一致认为理论界对税收竞争问题的研究起源于 1956 年 Tiebout 在《关于

地方支出的纯理论》一文中构建的 Tiebout 模型。尽管文章中通篇未出现"税收竞争"的字眼,但却给出了税收竞争的基本内容。所以介绍关于税收竞争的理论,就不能不提到 Tiebout 模型。

Tiebout 在《关于地方支出的纯理论》中的思想主要是受到了 Musgrave 1939 年发表的《公共经济的自愿交换理论》和 Samuelson 1954 年发表的《公共支出的纯理论》的影响。Musgrave 和 Samuelson 都认为公共产品的支出水平不存在"市场解",因此公共部门经济没有实现资源的最优配置。而 Tiebout 却认为,Musgrave 和 Samuelson 的分析只适用于联邦支出,对地方支出并不适用。

Tiebout 模型有 7 个假设条件:

① 双重身份者^①能够充分流动,将流向那些能够更好地满足他们的既定偏好模式的社区;

② 双重身份者对收入—支出模式的差异掌握完全信息,并能够对这些差异作出反应;

③ 有许多社区可供双重身份者选择居住;

④ 不考虑对就业机会的限制,假定所有的人都靠股息来维持生活;

⑤ 在各个社区之间,所提供的公共服务不存在外部经济或者外部不经济;

⑥ 每一种社区服务模式都是由城市管理者根据该社区原有住户的偏好来设定的;

⑦ 还没有达到最优规模的社区试图吸引新的居民,以此来降低平均成本;那些超过了最优规模的社区的做法则与此相反;而处于最优规模的社区则力图保持其人口数量不变。

这样,居民根据他们对税收和公共支出的偏好来选择居住社区,当对社区的税收—支出组合不满时,居民可以"用脚投票"。各社区的竞争达到均衡状态时,公共产品的提供是有效率的。Tiebout 据此得出了这样的结论:在垄断程度、冲突等因素既定的条件下,地方政府代表了一个在公共产品的配置上(作为对居民偏

---

① 指的是具有消费者和投票者双重身份的人。

好的反映)如同私人部门一样有效进行资源配置的部门。个人在辖区之间进行选择,正如他们选择公司提供私人物品一样。Tiebout 型的模型整体上都有这样的观点:政府之间的竞争和私人部门之间的竞争类似,因此有合意的效率性质。由于人口是异质的,有相似偏好的人群倾向于聚集在一起,地方政府将会专门提供适合他们民众的税收—公共服务。反对 Tiebout 观点的主要论点是,政府为运行得不好的竞争性市场提供物品和服务,因而在政府之间引进竞争可能导致市场失灵。

Tiebout 模型在很长一段时间里都没有引起什么反响,Tiebout 本人也就把自己的注意力转移到区域经济的研究上去了。但是,大家普遍认为 Buchanan(1961)著名的"俱乐部理论"的原初范例就是 Tiebout 模型,只是不知为何,Buchanan 在自己的文章中对 Tiebout 的贡献只字未提。Tiebout 模型之所以广为人知,是因为 Oates(1969)的《财产税和地方公共支出对财产价值的影响》一文,人们有时也将"Tiebout 假说"称做"Tiebout-Oates 假说"。并且从此以后,Tiebout 模型引起了学术界的广泛争鸣,研究者甚众,许多研究公共经济学的著名学者都写过专门的文章来讨论 Tiebout 的思想,如布坎南、约瑟夫·斯蒂格利茨、威廉姆·费雪等。当然,Tiebout 模型也因为其假设条件过于严格,受到了许多批评,如约瑟夫·斯蒂格利茨(1983)就认为 Tiebout 模型缺乏现实性。

但是不管怎么说,Tiebout 模型在理论上都具有开创性意义,它首次提出了搭便车、分权化、财政竞争、地方政府职能、分区制、税收资本化、学校财政改革、发言(voice)和退出(exit)等[1]公共经济学上的著名问题。所以,Tiebout 模型在公共经济学史上具有重大的开创性意义。

(2)公共选择理论中的税收竞争有效理论。

公共选择理论起源于 20 世纪 50 年代,是一门介于经济学和政治学之间的交叉学科,它用经济学的方法来研究政府的决策行为,这些方法主要包括个人效用最大化、市场交换和个人经济利益的理性主义等。公共选择理论认为政府追求财

---

① 转引自曹荣湘主编:《蒂博特模型》,社会科学文献出版社 2004 年版,第 8 页。

政收入最大化(即利维坦型政府),是自利的,认为政府间税收竞争可以成为约束政府履行职能的工具(Brennan and Buchanan,1980;Frey and Eichenberger,1996)。Brennan 和 Buchanan(1980)认为,西方国家 20 世纪七八十年代的国内税收竞争研究会得出"税收竞争是有害的"这样的结论,是因为研究者们都基于一个共同的假设前提——政府是仁慈的,各辖区政府参与税收竞争的目的都是为了追求本辖区内居民福利,参与竞争的各地区居民的偏好及禀赋相同。然而,从政治经济学家的角度来看,尽管政府与其他市场主体相比具有一定的特殊性,但是政府同样也会受到"用脚投票"(voting with feet)的约束,在这种"准"市场机制的约束下,各级政府必须具有竞争意识,努力改进政府的工作效率。因此,税收竞争可以阻止政府规模的不断膨胀,迫使政府征最少的税、提供最好的公共产品和服务,从而有利于居民福利的提高,尝试阻碍税收竞争将会减少政府以相同的成本提供更好的计划或以更低的成本/税收提供相同的计划的激励。另外,由于在政客和一般民众的目标之间存在很大的差异,因此,税收竞争还能减少政客作为寻租者(rent-seekers)来行动的"市场力量"。美国学者 Chris Edwards(2002)认为税收竞争是 21 世纪制约政府的有效武器。[①]

(3)演化经济学的税收竞争有效理论。

马歇尔(1987)认为均衡和演化的方法可以帮助我们理解现实的世界,均衡的方法采用最优分析和静态分析,适合于处理理性的经济因素,而演化的方法则适合于处理非理性的问题,如经济制度的演化和变迁。演化经济学主要包括老制度学派、新熊彼特学派、奥地利学派和调节学派,是现代经济学中的一种混杂思想流派,其基本特征是多样性、不确定性、不可逆性以及路径依赖,凡勃伦、熊彼特、哈耶克、纳尔逊、温特和青木昌彦等人是其主要的代表人物。正统经济学强调均衡,而演化经济学强调"竞争中实现变化、进步、重组和创新",强调发展和增长,强调经济动力学过程以及经济演化中不稳定性和复杂性的建设性作用。[②]

---

① 转引自葛夕良:《国内税收竞争研究》,中国财政经济出版社 2005 年版,第 50 页。
② 转引自葛夕良:《国内税收竞争研究》,中国财政经济出版社 2005 年版,第 52 页。

何梦笔(1999)、柯武刚和史漫飞(2000)都把演化经济学理论运用到了政府竞争领域,这其中也包含了税收竞争。政府间竞争与企业间竞争有很大的差别,其中最突出的不同在于:企业间竞争的结果是以技术和管理创新为手段,以产品技术含量、服务质量变化以及消费价格的变化为结果;而政府间竞争则以制度创新为手段,以制度变迁为结果。[①]演化主义者认为,社会活动的规则(包括政治经济运行体制)应当由社会活动中的博弈尤其是重复博弈来产生,即社会主体间的竞争产生活动规则。政府间竞争主要就是制度竞争(体制竞争)。税收竞争作为政府竞争的主要组成部分,其目的不仅仅是获得稀缺的生产要素和财税资源,而且还要不断发现和维护高效率的制度。根据制度经济学理论,强制性制度变迁存在一个"诺思悖论",即中央自上而下的改革达不到预期的目标,而税收竞争则构成了诱致型变迁或中间扩散型制度变迁的重要内容,它更容易实现转型期好的税收制度的选择、促进政治制度和财税制度的演进。

2. 税收竞争无效理论

(1) Oates 模型。

Oates 自 1969 年对蒂博特假说进行经验研究,得出"理性消费者在选择居住的社区时,将对地方公共服务带来的收益与税收负担的成本进行权衡"的结论。其在承认 Tiebout 模型的有效性以后,于 1972 年又在《财政联邦主义》一书中专门探讨了税收竞争问题。Oates 对 Tiebout 模型中的核心假设条件——地区间税收竞争不存在外部性进行了质疑,并提出了"税收竞争无效率"的观点。Oates 认为各辖区政府之间从事资本税竞争会导致公共物品的提供不足。他认为"税收竞争很有可能会使得地方公共服务提供的水平下降、提供的效率低下。因为为了吸引流动企业前来投资,地方政府会把效率压低,减少公共服务投入,甚至把公共服务投入水平减到边际收益等于边际成本这一水平以下的程度,尤其会减少那些并不能给地方企业带来直接受益的项目的公共投入"。[②]Oates 对税收竞争理论最大的

---

① 转引自杨虎涛:《政府竞争对制度变迁的影响机理研究》,中国财政经济出版社 2006 年版,第 3 页。
② 转引自葛夕良著:《国内税收竞争研究》,中国财政经济出版社 2005 年版,第 56 页。

贡献就在于提出了"外部性"问题,这里的外部性又称财政外部性,是指一个辖区政府的公共政策影响了其他辖区居民的福利水平和税收收入,属于技术外部性范畴,可分为正的财政外部性和负的财政外部性。正的财政外部性意味着一个辖区采取的公共政策提高了其他辖区居民的福利水平,而负的财政外部性意味着一个辖区采取的公共政策降低了其他辖区居民的福利水平。Oates 是税收竞争无效论的重要代表人物。

（2）标准的税收竞争模型。

Oates(1972，p. 143)指出"地方政府官员试图通过低税收来吸引企业投资,这也许会使支出水平在边际收益等于边际成本水平以下"。20 世纪 80 年代中期的经济学家们基于 Oates 的思想开始构建规范的税收竞争模型,其中 Mieszkowski 和 Zodrow(1986)以及 Wilson(1986)等人构建的模型最为有名,经常被提到和引用。这些模型中无效率的基本来源被称之为"横向的税收外部性":一个地区提高税率,会引起流动资本移动到其他地区,使其他地区受益,因为他们的税基包含该资本。

由于 Zodrow-Mieszkowski 模型比 Wilson 模型的假设简单,所以理论界将 Zodrow-Mieszkowski 模型称为"标准的"(Standard)、"基本的"(Basic)或者"经典的"(Classic)税收竞争模型。此后关于税收竞争的研究大多在 Zodrow-Mieszkowski 模型的基础上进行拓展。

1986 年 Mieszkowski 和 Zodrow 合作发表了《庇古、蒂博特、财产税与地方公共物品供给不足》一文,该文对庇古假设——相对中立的人头税而言,开征扭曲性的税收会减少公共服务的供应,作了检验。文章使用一个由竞争性的地方政府组成的国家体制下的简单模型,证明了对流动资本征收扭曲的财产税减少了居民的公共服务水平。

Mieszkowski 和 Zodrow 考虑了两种形式的地方公共物品:第一种是作为公共服务提供给居民的地方公共物品,在不对个人效用函数进行约束的情况下,就可以得出明确的结论:增加扭曲性财产税的使用,同时少量依赖非扭曲的人头税,不管财产税的水平如何,总是会在总量上和边际上减少地方公共支出;第二种地方公共物品是生产过程中的投入品,情形与第一种相同,公共支出也会减少。

Mieszkowski 和 Zodrow 分别设置模型论证了与居民有关的公共服务供应不足和与企业有关的公共服务供应不足。

① 与居民有关的公共服务供应不足。

假定一个国家的经济由 N 个同质的辖区组成;每一个辖区都供给同一固定要素,即土地;国家的资本存量 $\bar{K}$ 是固定的,资本在辖区间完全流动,以至于所有资本挣得相同的净回报 r,土地和资本是经济中仅有的生产要素。

每一个辖区的产出由完全竞争的公司生产,公司使用一个二次可微的固定规模报酬生产函数

$$F(K), F_k > 0, F_{kk} < 0$$

这里 K 是一个典型辖区 i 的资本存量 $(NK = \bar{K})$,固定土地被略掉了。

每个社区都有相同数量的同质居民。每个居民都拥有他所居住辖区的平均份额的土地和平均份额的国家资本存量,且不必在居住辖区投资。个人没有其他收入来源。既然所有辖区的个人都是同质的,那么可以将每个辖区的人口都标准化为 1;这样所有的数量都在人均基础上进行定义。

典型辖区 i 的地方公共服务(P)用公共购买支出来代替,这些公共服务要么由对资本征收的特定的单位资本税(T)来融资,要么由对所有地方居民征收的人头税(H)来融资;政府预算平衡要求:

$$P = TK + H \qquad\qquad (2.1)$$

"被许可"的一次付清税收的数量被假定对所有社区在同一水平上是外生固定的。地方公共服务被当成是没有溢出效应的公共提供的私人物品,且为所有居民平等分享。

在 Zodrow-Mieszkowski 模型中消除了 Tiebout 模型中频频出现的外溢和财政外部性问题。他们使用一个单一的同质辖区模型,这样,在外生水平上的人头税对财产税和地方公共服务总量的缩减效应,很容易通过检验一个典型辖区来进行分析。

辖区间竞争被沿着 Cournot-Nash 线进行模拟,并且每一个辖区都被假定为和国家经济少量相关。每一个辖区的地方政府都被假定这样行动:所有其他辖区不会对它财产税率的变化做出反应,它的行为不会影响到国家的资本净回报 r。

每一个地方政府作为的目的是为了最大化一个典型居民的效用,这里效用函数 $U(C, P)$ 对经济中的所有个人都是一样的,被定义为对私人物品(C)和公共物品消费的一个严格拟凹的二次可微函数;两种物品都被假定为是正常的。私人物品的水平由私人预算约束确定:

$$C = [F(K) - (r + T)K] + r(\bar{K}/N) - H \qquad (2.2)$$

这里,第一项是土地的回报,第二项是资本的回报,第三项反映了所支付的人头税。

把式(2.1)和式(2.2)代入 $U(C, P)$,每一个地方政府面临的最大化问题为:

$$\max_{T} U\{[F(K) - (r + T)K + r\bar{K}/N - H], TK + H\} \qquad (2.3)$$

这里每个政府都认为 r 和 H 是固定的,公司最大化的一阶条件满足:

$$r + T = F_K(K) \qquad (2.4)$$

对式(2.4)微分得到地方政府使用财产税时预期到的地方资产存量的改变:

$$\phi = -dK/dT = -1/F_{KK} > 0 \qquad (2.5)$$

式(2.5)代表财产税的扭曲效应;每一个独立行动的社区都担心更高的财产税会赶走资本,减少来自土地租金的收入。

注意,假如 H 是一个地方政府的选择变量(连同 T 一起),一阶条件将会是:

$$U_P/U_C = 1 \qquad (2.6)$$

$$U_P/U_C = 1/[1 - (T_\phi/K)] \qquad (2.7)$$

这里,下标指效用函数的偏导数。因而,最优的财产税率是零,用人头税为公共服务融资将会达到这一点——边际替代率等于边际转换率;地方政府宁愿选择人头税,而不愿意征收降低土地价值的扭曲性财产税。

然而，当人头税外生强制小于这个水平的时候，典型辖区政府对 T 的一阶条件为：

$$U_P/U_C = 1/[1 - T_\phi/K] > 1 \qquad (2.8)$$

这样，既然私人物品和公共物品之间的边际转换率大于 1，那么式(2.8)就表明在边际上地方服务供应不足。

接下来要确定当每个辖区按照式(2.8)指定的那样设置它的财产税率时，会对国家产生的效应。固定的国家资本存量需要隐含着：

$$N \cdot dK = 0 \qquad (2.9)$$

于是在 Cournot-Nash 均衡中，当所有辖区响应 H 的外生改变而独立行动时，对式(2.4)微分的结果进行替代得到：

$$dr = - dT \qquad (2.10)$$

这样，就得到了一个典型的新观点结论——当所有辖区增加资本的财产税率且国家资本存量固定时，因为每个辖区的资本总价格 $(r + T)$ 未变，所以资本承受了所有的税收负担。相应地，资本存量 K、土地价格、单独的辖区政府感觉到的 $\phi = - dK/dT$ 在 Cournot-Nash 均衡中都未变。

这些结论可以明确建立改变 H 的效应——"被许可"的一次付清税收水平——对地方公共服务水平的效应。就 $dH > 0$ 对式(2.8)全微分，当 $dK = d\phi = 0$ 时将式(2.10)代入得到：

$$[\alpha K - U_P/(KF_{KK})]dT = - \alpha \cdot dH \qquad (2.11)$$

这里：

$$\alpha = \alpha_1 + \alpha_2(1 - U_C/U_P) > 0$$

$$\alpha_1 = - [U_{CC} - 2(U_C/U_P) + U_{PP}(U_C/U_P)] > 0$$

$$\alpha_2 = - [U_{PP}(U_C/U_P) - U_{PC}] > 0$$

并且效用函数严格拟凹保证了 $\alpha_1 > 0$，正常物品假定保证了 $\alpha_2 > 0$，式(2.8)保证

了 $\alpha > 0$。因此,dT/dH 明确为负——减少对一次付清税收的依赖,意味着增加对财产税的依赖。将式(2.11)代入对式(2.1)微分的结果,得到:

$$\frac{dP}{dH} = \frac{U_P/(-F_{KK}K)}{\alpha K + U_P/(-F_{KK}K)} > 0 \tag{2.12}$$

因此,经济中减少被许可的人头税会引起地方公共服务的减少。注意引文没有假定初始的财产税为零——它对所有 $T=0$ 和当 $H=0$ 时的 T 值之间的所有 T 值都是有效的。

这种情形被描绘在图 2.3 中。对一个辖区来说,生产可能性边界(AB)的斜率是负的。当仅仅依赖人头税融资时,效用 U^H 无差异曲线的斜率是负的,提供 P^H 的地方公共物品。在仅仅依赖财产税融资时,构造的模型为:所有辖区同时使用财产税隐含着生产可能性边界不变(税收对辖区的"预算约束"没有"收入效应"),因为每个辖区的资本存量在 Cournot-Nash 均衡中未变,边际转换率仍然是负的。然而,在财产税均衡中,由于可感知到的财产税的扭曲效应,无差异曲线的斜率在绝对值上大于 1[正如式(2.8)中所显示的那样]。由于消费扭曲,财产税均衡要求 AB 和斜率的绝对值大于 1 的无差异曲线相交,这只会产生较低水平的公共服务 ($P^P < P^H$) 和较低水平的效用 ($U^P < U^H$)。

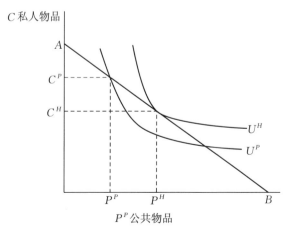

图 2.3　与居民有关的公共服务供应不足

② 与企业有关的公共服务供应不足。

在这部分考虑一个和上部分相似的模型,但是在这里所有地方公共服务都作为企业投入品进入了生产过程。

在这种情形中,每个辖区的企业生产函数为:$F(K, B)$,$F_{KB} > 0$,$F_B > 0$,$F_{BB} < 0$。这里 B 是公共提供给企业的服务。一个典型辖区的地方政府预算约束为:

$$TK + H = B \tag{2.13}$$

而企业最大化的一阶条件为:

$$r + T = F_K(K, B) \tag{2.14}$$

每个辖区所感知到的资本存量的变化响应财产税的变化,可通过连接式(2.13)和式(2.14)的微分结果获得:

$$\phi = \frac{-dK}{dT} = -\frac{1 - KF_{KB}}{F_{KK} + TF_{KB}} \tag{2.15}$$

这能够被看成 K,B,H 的一个函数。假定在转换一单位公共服务产出给企业的边际成本(所有辖区都相等)大于由于增加资本的边际生产力而带来的产出的增加(KF_{KB})的情况下,模型是稳定的,即:

$$1 - KF_{KB} > 0 \tag{2.16}$$

也假定在每一个辖区认识到增加税收会使资本流出的情况下,模型是稳定的;否则,将总是会增加税收。这隐含着:

$$T < -F_{KK}/F_{KB} \tag{2.17}$$

政府面临的最优问题仅仅是:

$$\max_T F(K, TK + H) - (r + T)K + r\bar{K}/N - H \tag{2.18}$$

那么在这个模型中仅仅只有一种消费物品。假如人头税是一个选择变量,那么一阶条件将指定 $T = 0$,并且

$$F_B = 1 \qquad\qquad (2.19)$$

这样,地方政府将仅仅使用人头税融资,并且在服务的边际产品等于整体的边际成本这一点上购买公共服务。假如人头税的使用被限定在这一水平以下,对 T 的一阶条件为:

$$F_B = 1/[1 + (T/K)(dK/dT)] = 1/(1 - T_\phi/K) \qquad\qquad (2.20)$$

这样,对 $T > 0$ 来说, $F_B > 1$,生产是无效率的,并且,和上部分分析的情形相对照,生产可能性边界向内移动(税收对每个辖区的"预算约束"有一个"收入效应")。可以得到两个命题。第一,假如地方政府必须仅仅依靠财产税融资($H = 0$),那么公共物品会供给不足。这是因为每个辖区在 Cournot-Nash 均衡的资本存量是固定的,而且 $F_B(K, B) > 1$ 隐含着 B 在财产税的情形小于人头税均衡的情形(这里 $F_B = 1$)。第二,被许可的人头税水平在最优人头税上的边际减少会减少公共服务。为了证明这一点,对式(2.20)微分并且在 $T = 0$, $F_B = 1$ 时求值得到:

$$\frac{dT}{dH} = \frac{F_{BB}}{\phi/K - F_{BB}K} < 0 \qquad\qquad (2.21)$$

这样,人头税的减少隐含着财产税的增加。代进对式(2.13)微分的结果得到:

$$\frac{dB}{dH} = \frac{\phi/K}{\phi/K - KF_{BB}} > 0 \qquad\qquad (2.22)$$

因而,对人头税来说,最适宜的人头税在机会上的边际减少的确减少了提供给企业的公共服务。

然而,当 $T > 0$ 时,对于 H 的减少,出现了理论上的不明确性(即沿着从 0 财产税均衡到 0 人头税均衡的路径)。一阶条件式(20)可以改写为:

$$F_B T_\phi = K(F_B - 1) \qquad\qquad (2.23)$$

就是说,提高财产税可观察到的边际成本——暗含着产出 $F_B T_\phi$ 减少的税基侵蚀,必须等于边际收益——由于更高的服务小于资本供给价格 $[K(F_B - 1)]$ 的增加而增加的产出。因而,在决定其税收政策时,社区必须平衡相对额外增加的税收收入的税基侵蚀效应。

在标准税收竞争模型中,税收被用来为生产性的公共物品融资,并假定这样做会增加私人企业资本的边际产品。Mieszkowski 和 Zodrow 认为资本对资本税率的需求弹性总是负的,因为公共物品的边际估值(MPGV)①总是低于公共物品的边际成本。由于资本对资本税率的需求弹性为负,资本税率的竞争性均衡水平总是低于有效率的水平。因此,税收竞争的结果是在税收上"一竞到底"(race to the bottom)是无效率的,因为当所有的政府都削减它们的税收的时候,资本在国家之间的最终分配仍然保持不变,而税收是次优的,导致公共物品供给不足。

Oates 模型和标准税收竞争模型的共同特点就是认为税收竞争是有害的,它会导致无效率的低税收和公共物品供给。由于企业会流动到税收负担较低的辖区,地方政府被迫削减税收和公共服务,从而形成所谓的"一竞到底"。"一竞到底"的观点是由奥茨提出来的,Mieszkowski 和 Zodrow 通过模型对这个观点予以证明。

(3) 标准税收竞争模型的拓展。

从 20 世纪 80 年代中期以后,在标准税收竞争模型的框架内,许多致力于税收竞争理论研究的经济学家通过逐步放松假设,对标准税收竞争模型从不同方向进行了拓展和深化。如 Bucovetsky 和 Wilson(1991)放松了"资本课税是政府唯一收入来源"假设,将劳动力作为第二个税基加到模型中,考察税负分布的变化,得出的结论是随着资本流动性的增强,税负会更多地转移到劳动力上;Wildasin(1998)修正了标准税收竞争模型,考察了有限数量的国家可以通过税收政策影响世界资本税后回报的情况;几类研究放松了"对称"假设,研究了非对称税收竞争模型。

近来文献的一个相关发展是在税收竞争模型的构建中,包含了中央政府这个重要的角色。这个角色引进了被称之为"纵向税收外部性"的新外部性。假如中

---

① MPGV 指的是由于公共物品水平的边际增加,资本的边际产品也随之增加。

央政府和下级政府分享相同的税基,那么一级政府增加对该税基的税收,也许会降低另一级政府的该税基的规模。换句话说,现在更高的税率产生了负的外部性,这倾向于导致过度的税收。因此,地方税收和支出不再是太低的。纵向的税收外部性倾向于增加地方的税收和支出,它们对中央政府行为的影响取决于中央政府的目标。

税收竞争会导致公共物品供给不足的观点以及标准税收竞争模型已经普遍为理论所接受,公共物品供给不足与"一竞到底"几乎就是同义词。但是,假如MPGV 足够大(大于公共物品的边际成本),增加公共物品供给会使资本的生产力更高,以至于企业实际上愿意支付更高的税收。[1]因此,为了吸引更多的资本,地方政府将会在税率上"一竞到顶"(race to the top),而且税收竞争会导致税率和公共物品水平大于有效率的水平。因而,税收竞争仍然存在而且是有害的,即扭曲的,因为它会导致公共物品过度供给。

Wooders、Zissimos 和 Dhillon(2001)在标准税收竞争模型的基础上引进了这个条件。他们假定 MPGV 在资本水平上是单调递减的,对低水平的资本以高于它的边际成本开始,对高水平的资本,以低于它的边际成本结束。有了这种简单的变化,税收竞争的结果在很大程度上取决于每个辖区初始的资本水平。竞争性的税收水平和公共物品供给可能要么太高(一竞到顶),要么太低(一竞到底),要么当 MPGV 等于提供公共物品边际成本的时候,甚至等于它们的有效水平。"一竞到顶"和"一竞到底"两种观点都要求辖区积极向彼此显示倾斜的税收竞争反应函数。

Brueckner 和 Saavedra(2001)在一个财产(与商业和住宅有关的)税收竞争模型中得到了相似的结论。一个地区增加税率将会通过增加公共物品的数量而增加典型消费者的效用,但是它会通过缩减私人物品而损害消费者。当竞争地区的税率在增加的时候,第一个效应是递增的,第二个效应是递减的。假如公共物品

---

① 出现这种可能性的另外一种观点就是,政府不是在税收上进行竞争,而是在政府支出上进行竞争,例如提供更好的基础设施或者更好的服务来吸引企业。

的边际效应足够低,第二个效应占统治地位,于是针对区域 j 提高税率,政府 i 的最佳反应是削减它的税率。

一般来说,税收竞争是否会导致税收太高或太低,税收竞争是好还是坏取决于税收模拟的方法,尤其是税基的选择(和流动性)和公共支出的方向。

税收收入被用来为四大类的支出融资:被个人消费的公共物品,提高企业生产力的生产性公共物品,给个人的转移支付,及政客得到的租金。在第一类支出中,竞争性的税收水平低于有效率的水平。假如税收被用于生产性目的,我们处在标准税收竞争模型和上面提到的相关模型领域,在那里关于竞争性税率水平的任何结果都是可能的。

Wildasin(2000)认为,当资本是流动的(即使是不完全流动),并且税收用于为给地方居民的转移支付融资时,税收竞争导致税率、公共收入和转移支付低于有效水平。他的模型也被应用到熟练劳动力的情形中并且推断,当资本和劳动力都不完全流动的时候,即使存在税收竞争,对两者的最优税率都将是非零的,但是当两种要素都完全不流动的时候,将会小于最优税率。对资本来说,一个辖区的最优税率是资本流动性和被居民拥有的资本份额的递减函数。

Janeba 和 Schjeldrup(2002)在模型中将税收作为公共物品供给和政客租金的来源。当税收竞争导致税收下降的时候,它又是扭曲的。而直接的结果就是公共物品水平的缩减降低了个人投票者的福利,它也减少了公共资金的浪费,这对投票者有益。在确定条件下,税收竞争也许提高了投票者的福利,而且君主制比议会制更有可能。这可以解释为什么税收竞争在欧洲被看成是有害的,那儿政府建议协调资本税收,而在美国税收竞争被认为是有益的。

在一个联邦国家之内的税收竞争引出了其他的观点。一个人可以区分出发生在一个联邦内的两种形式的税收竞争。和不同国家之间的税收竞争相似,有发生在两个辖区之间的所谓的横向税收竞争,具有所有已经讨论过的特征。另外,政府等级制度的存在引起国家和地方政府之间的纵向税收竞争。与横向税收竞争的情形不同,在纵向税收竞争的情形下,竞争的政府不是试图从彼此那里转移税基。然而,通过对同样的税基征税,它们的税收政策变得彼此独立。

虽然就像在前面部分所见到的,关于横向税收竞争对税收水平的效应没有达成一致意见,但主流的观点是它会导致税率太低。对纵向税收竞争来说却恰恰相反,一般认为会导致税收太高。直觉是政府没有考虑增加它们的税率,会通过收缩共同的税基,影响其他(上级的或下级的)政府收取税收收入的能力,因而产生负外部性。然而,正如 Wilson(1999)评论的,假如国家政府是仁慈的,并且能够先行一步,因而能够影响次级政府的行为,那么无效率将会被减轻。

第3章

中国地方政府间税收竞争的制度背景分析

研究中国的国内税收竞争问题,不能不提到两个大的制度背景:经济体制转轨和财政分权。中国国内税收竞争与这两项改革的进行几乎是同步的。正是由于经济体制转轨以及财政分权和分税制改革,各地方政府才具有了相对独立的经济利益,这为地方政府之间的竞争创造了条件,也为它们相互展开税收竞争提供了原动力。另外,官员政绩考核评价机制的变化,也是中国各地方政府间税收竞争的一个重要推手。

3.1 经济体制转轨与经济利益体系的演变

当代中国正在经历着人类历史上最伟大的转型,这包括经济体制转型,即资源配置和经济运行方式从计划经济体制向市场经济体制转变;社会转型,即从以农业为基础的传统农村经济社会向以工业和服务业为主导的现代城市社会逐步转变;政治体制转型,即从传统中央集权政治体制向社会主义民主政治体制转变;开放转型,即从封闭、半封闭经济社会向建立开放经济和全面开放社会转变(王亚华,2005)。其中,经济体制转轨作为经济学的研究对象,属于制度经济学的范畴。

3.1.1　中国经济体制模式演变回顾

1. 新中国成立初期"类苏联模式"经济体制的形成

新中国成立以后,中国政府对半封建、半殖民地的经济制度进行了根本性的变革,经过三年恢复和第一个五年计划以后,到 1957 年,建立起了"类苏联模式"的经济体制,很多学者将它称之为传统的计划经济体制(刘国光等,1998;刘美珣等,2004)。笔者在这里之所以将传统的计划经济体制称之为"类苏联模式",是因为这种模式在很大程度上仿效了原苏联的做法,但是又不能完全等同于苏联模式。譬如,中国在建立公有制的绝对优势的同时,还允许多种经济成分并存;在主要实行直接计划的同时,还实行部分的间接计划;在实行行政管理为主的同时,尤其在农业、商业等领域,注意了适当运用价格等市场机制,等等,这些做法都不同于原苏联,具有自己的特色(刘国光,1998)。

"类苏联模式"的经济体制包括两个根本要素:国有制在非农产业领域的绝对统治地位和集体所有制在农业领域的绝对优势;对整个国民经济实行等级式的行政管理及指令性计划调节。

表 3.1　"类苏联模式"经济体制的形成步骤

1948—1953 年	分批完成土地改革,废除地主土地所有制
1949—1950 年	没收官僚资本,确立国营经济领导地位
1949—1953 年	对国营经济开始进行计划管理,对私营经济采取国家资本主义措施
1953—1956 年	陆续实行粮食及其他重要农产品的统购统销政策
1953—1956 年	农业所有制的社会主义改造:互助组——初级社——高级社;对资本主义工商业及手工业从低级到高级的所有制社会主义改造

资料来源:[中]刘美珣、[俄]列乌斯基·亚历山大·伊万诺维奇主编:《中国与俄罗斯:两种改革道路》,清华大学出版社 2004 年版,第 3 页。

2. 1958—1976 年间经济体制的演变

(1)"大跃进"时期经济体制的演变。

1958—1960 年,为了实现"大跃进"的目标,在所有制上追求"一大二公","共产风"和"浮夸风"盛行,完全脱离了当时的生产力发展水平,进行"瞎指挥";在中央和地方的关系上,又盲目下放管理权,实际上是过了头的"大撒手";在分配制度上,对农村和城市都实行"一平二调",大搞平均主义,极大地挫伤了农民和职工的积极性,生产效率不断下降。

(2)第一次经济调整时期的经济体制演变。

1961—1965 年,针对"大跃进"的严重错误,中央提出了"调整、巩固、充实、提高"的八字方针,改革了农村的管理体制和管理制度;中央又重新进行集权,改变了无政府主义和分散主义状态;开始运用经济杠杆来调节经济的运行。

(3)"文化大革命"时期经济体制的演变。

1966—1976 年期间,经济体制受到了严重的冲击。在所有制上,进一步大搞"升级"、"过渡";在计划和市场的问题上,既反对合理的宏观控制,又反对运用价值规律;在企业管理上,否定一切必要的规章制度;在分配问题上,主张吃"大锅饭",将平均主义合法化。

由于本书探讨的主题是中国各地方政府间的税收竞争问题,因此中央与地方的关系是笔者关注的重点。中国地域辽阔,是一个大国,其地区社会经济发展极其不平衡,中央和地方的关系历来就是经济体制中的一个基本问题。为了发挥地方政府的积极作用,中央将很多权力下放到地方,但是以地方管理为主,势必又会导致宏观经济无计划性的混乱,因此,中央又不得不重新集权。在经济体制开始转轨以前,中央和地方的关系基本上就是"一统就死,一放就乱",始终没有找到一个最佳的平衡点。

表3.2 经济体制转轨以前中央与地方关系的演变

1953—1956 年	1957—1960 年	1961—1964 年	1964—1965 年	1966—1968 年	1969—1976 年	1977—1978 年
集权	分权	集权	分权	冻结	分权	集权

资料来源:冒天启、朱玲:《转型期中国经济关系研究》,湖北人民出版社 1997 年版。

3. 1978 年至今的经济体制转轨

众所周知,中国实行的是渐进式改革,即"摸着石头过河",因此,由集中计划经济向市场经济的转变也是渐进式的。1978 年召开的党的十一届三中全会是中国经济体制转轨的起点。一直到 1992 年党的十四大才明确提出建设社会主义市场经济体制的目标。中国目前还处在这个转轨的过渡阶段。

表 3.3　中国经济体制转轨目标模式的演变和渐进形成

1978 年中共十一届三中全会	在国家统一计划指导下向地方和企业下放经营管理自主权(行政分权式计划经济)
1982 年中共十二大	计划经济为主,市场调节为辅;以指令性计划为主体,辅以指导性计划
1984 年中共十二届三中全会	社会主义计划经济是有计划的商品经济;适当缩小指令性计划,适当扩大指导性计划
1987 年中共十三大	计划与市场内在统一的有计划商品经济;国家调节市场,市场引导企业。国家对企业的计划管理以指导性计划的间接管理为主
1989 年	计划经济与市场调节相结合
1992 年中共十四大	建立社会主义市场经济体制,市场在国家宏观调控下对资源配置起到基础作用,在坚持独立自主的前提下实行全面全方位的对外开放
1993 年中共十四届三中全会	社会主义市场经济体制的基本框架,涉及所有制结构、国有企业制度、市场体系、政府调控体系、分配制度及社会保障制度和对外开放等环节
1997 年中共十五大	建立比较完善的社会主义市场经济体制,公有制为主体,多种所有制经济共同发展是社会主义初级阶段的一项基本经济制度
2002 年中共十六大	完善社会主义市场经济体制,坚持和完善公有制为主体,多种所有制经济共同发展的基本经济制度
2003 年中共十六届三中全会	按照统筹城乡发展、统筹区域发展、统筹经济社会发展、统筹人与自然和谐发展、统筹国内发展和对外开放的"五个统筹"原则的要求,更大程度地发挥市场在资源配置中的基础性作用

资料来源:[中]刘美珣、[俄]列乌斯基·亚历山大·伊万诺维奇主编:《中国与俄罗斯:两种改革道路》,清华大学出版社 2004 年版,第 23 页。

经过整整三十年的改革,中国的渐进式经济体制转轨取得了举世瞩目的成就。国内生产总值、城镇居民可支配收入、农村居民人均纯收入、国家财政收入等经济发展指标都有了较大幅度的提高。究其根源,主要是因为在经济体制转轨的过程中引入了市场和竞争机制,承认每个个体和组织都具有自己独立的经济利益,这有助于促进经济的繁荣和发展。正如经济学之父亚当·斯密在《国富论》中所说的那样:"每个人都会尽其所能,运用自己的资本来争取最大的利益。一般而言,他不会意图为公众服务,也不自知对社会有什么贡献。他关心的仅是自己的安全、自己的利益。但如此一来,他就好像被一只无形之手引领,在不自觉中对社会的改进尽力而为。在一般的情形下,一个人为求私利而无心对社会作出贡献,其对社会的贡献远比有意图作出的大。"这句经济学上引用的最多的名言深刻揭示了市场这只"无形之手"对经济增长的巨大贡献。可以说,中国改革开放三十年在经济上所取得的巨大成就在很大程度上都应该归功于市场和竞争机制的引入。

3.1.2　经济利益体系的演变

1. 传统经济利益体系的基本特征[①]

党的十一届三中全会以前,中国实行的是以指令性计划为特征的高度中央集权的体制模式,在这个阶段传统的经济利益体系主要呈现出以下特征:

(1) 忽视了多元利益主体的矛盾和冲突。

在一个社会内部,必然会出现国家、集体(企业)和个人等不同的利益主体,他们相互之间或者各自内部必然会出现利益纷争现象,但是传统的经济利益体系却试图抹煞这种冲突,这是不客观的。一个国家的权力和职能分散在各地方政府身上,即使在高度集权的体制下,由于对中央政府、地方政府和各主管部门的政绩考核指标不同,所以它们也是不同的利益主体;全民所有制与集体所有制在工资制度、就业保障、职工福利等方面存在明显的差别;劳动者个体之间由于能力的差异、岗位的不同,必然会存在利益的差别;另外,工农之间、城乡之间、地区之间都存在着明显的利益差别。

---

① 本部分主要参考了刘国光主编的《中国经济体制改革的模式研究》(广东经济出版社 1998 年版)中第四章"经济利益体系"的内容。

（2）缺乏利益刺激。

在传统的经济管理体制下，主要靠强制性命令和政治热情来推动经济发展，排斥利益刺激尤其是物质刺激，这使得各利益主体的积极性大打折扣，生产效率、行政效率都极其低下。

（3）利益结构扭曲。

中央的权力过于集中，财权全部集中在中央政府手中，地方基本上等同于中央政府的派出机构，地方政府的积极性受到束缚。另外，个人、集体利益的大小也基本上取决于国家，与劳动效率没有直接关系。

（4）缺乏利益约束。

在这个时期，所有的利益主体都缺乏必要的利益约束。中央和地方政府不会因为自己的失误而导致经济利益损失而受到任何惩罚；企业不自负盈亏，亏损的部分由国家来承担，赢利了自己也得不到太多实惠；"铁饭碗"制度使得个人利益也缺乏约束。

2. 经济体制转轨过程中经济利益体系的演变

（1）中央和地方政府经济利益趋于独立。

传统经济体制中统收统支的财政安排使得地方政府只是中央政府的派出机构，没有自己相对独立的经济利益。1980年中国实行"分灶吃饭"的新财政体制，为中央和地方经济利益的划分奠定了很好的基础；1994年的分税制改革进一步明确了中央和地方相对独立的经济利益关系，地方政府的积极性被充分调动起来。

（2）国家和企业利益趋于独立。

为了划清国家与企业的利益关系，1978年实行了企业基金制度，1979年试行了全额利润留成办法，1980年又改成了基数利润留成加增长利润留成的制度，1981年开始建立各种形式的经济责任制，1983年、1984年实行了两步"利改税"，这种演变使得企业利益趋于独立。

（3）企业、个人和经营者利益趋于独立。

为了充分调动劳动者的积极性，国家逐步打破了"铁饭碗"和"吃大锅饭"的做法，而是开始搞计件工资、奖金制度、合同工制等，将劳动者的利益与其能力和贡献挂钩;所有权与经营权相分离,经营者个人利益相对独立化。

在计划经济向市场经济转轨的过程中,不仅个人和企业为了最大化自身的利益相互展开激烈的竞争,各地方政府及其运作机构也为了自身的经济利益和政治利益展开角逐,其激烈程度不亚于自由市场上的企业和个人。税收竞争问题正是在中国经济体制转轨这种大背景下产生的,各地方政府最大化自身经济利益和政治利益的主要工具之一是税收(改革开放后,各地官员为了实现自己的晋升目标,不惜采取一切手段与其他地方政府进行竞争来推动当地的经济增长,这其中就包括税收竞争),因此相互之间的税收竞争不可避免。

3.2 中国财税体制的变迁及其基本内容

财税体制[①]改革也是经济体制改革的一个重要组成部分,只不过本书所研究的税收竞争问题与财税体制直接相关,所以这里单列一节,详细介绍中国的财税体制的变迁及其基本内容。中国从 1949 年以来财政体制经过了多次调整变化,但总体来说是从由中央高度集中的财政管理体制逐步走向将财权下放给各级地方政府,所以,中国财政体制的转型实际上就是由财政集中向财政分权转变的过程。财政分权,从政府间财政关系的角度而言,是指通过法律等规范化的形式,界定中央(或联邦)政府和地方各级政府间的财政收支范围,并赋予地方政府相应的预算管理权限,其核心是地方政府具有一定程度的财政自主权(张波,2006)。从20 世纪 80 年代开始,在全世界范围内掀起了一股财政分权的浪潮,据世界银行统计,截至 20 世纪 90 年代中期,全世界人口超过 500 万的 75 个发展中国家中,有62 个进行了程度不同的财政分权改革(世界银行,1997)。

---

① 指各级政府与同级政府之间财权和财力安排的根本制度,包括政府预算管理体制、税收管理体制和公共部门财务管理体制等。

3.2.1　"统收统支"财税体制及其基本内容

改革开放以前中国的财税体制以"统收统支"为基本特征,是一种高度集中的供给型管理体制。中央政府处于支配地位,不仅控制了大部分预算资金,而且还控制了地方政府预算资金的使用范围和使用方向,地方政府的收支权限很小,实际上并不是一级独立的预算主体。中央政府和地方政府的收支范围按照行政隶属关系来划分。主要税种的立法权、税率调整权和减免权都高度集中于中央,因而无论是地方政府,还是其下属的各级政府,都没有相对独立的征税权,也没有真正的地方税。

表 3.4　1949—1979 年中国财政体制的变动与调整

年　份	中央与地方的关系	预　算　级　次
1949—1950	统一全国财政收支、物资和现金管理	中央财政经济委员会
1951—1953	收入全部上交中央,支出全部由中央拨付	中央、大行政区、省(市、自治区)
1954—1957	划分收支,分类分成,一年一定	中央、省(市、自治区)、县级
1958	以收定支,分类分成,一定五年不变	中央、省(市、自治区)、县(市)、人民公社
1959—1960	收支下放,地区调剂,总额分成,一年一定	
1961—1963	收入全部上交中央,支出全部由中央拨付	中央、大区中央局、省(市、自治区)
1964—1967	收支下放,地区调剂,总额分成,一年一定	
1968—1970	收入全部上交中央,支出全部由中央拨付	
1971—1973	定支定收,收支包干,保证上缴或差额补助,结余留用,一年一定	中央、省(市、自治区)、县(市)
1974—1975	收入按固定比例留成,超收另定分成比例,支出按指标包干	
1976—1979	定收定支,收支挂钩,总额分成,一年一定	

资料来源:[中]刘美珣、[俄]列乌斯基·亚历山大·伊万诺维奇主编:《中国与俄罗斯:两种改革道路》,清华大学出版社 2004 年版,第 154 页。

在"统收统支"的财税管理体制下,地方政府在收支上的自主权过小,再加上利益界限模糊,所以客观上缺乏激励各省市开展税收竞争来促进当地经济发展的机制。

3.2.2 "分级包干"财税体制及其基本内容

由于"统收统支"的财税体制过于僵化,实行改革开放以后,财税体制的改革也提上了议事日程。1980年开始实行"划分收支,分级包干"的财政体制,又称"分灶吃饭"的财政体制,这是中国具有制度变迁意义的财政分权改革的开始,基本内容为:按照行政隶属关系,明确划分中央和地方的收支范围;合理确定地方财政的收支基数和上缴补助数额;对于边远地区、少数民族自治地区、老革命根据地和经济基础比较落后的地区,中央财政根据国家财力大小,设立不发达地区发展资金,每年由中央财政专项拨款。1985年开始实行"划分税种,核定收支,分级包干"的财政体制,基本内容为:原则上按照第二步利改税以后的税种设置,将国家财政收入划分为中央财政固定收入、地方财政固定收入、中央和地方共享收入三大类;中央和地方财政的支出划分,基本上仍按照原体制确定的范围不变,只对个别情况因管理体制改革作相应调整。少数不宜实行包干的专项支出,仍由中央专项拨款;在确定收支范围和包干基数以后,凡地方固定收入大于地方支出的,按定额上缴中央;地方固定收入小于地方支出的,从中央和地方共享收入中确定一个分成比例,留归地方;地方固定收入和中央地方共享收入全部留给地方,还不足以抵付支出的,由中央定额补助。1988年实行"地方大包干"财政体制,基本内容为:针对中央财政连年收不抵支,发生大额赤字以及地方上缴收入积极性不高等问题,根据不同地区的不同情况分别实行六种包干形式——"收入递增"(北京市等5市和河北省等5省);"总额分成"(天津市、山西省、安徽省);"总额分成加增长分成"(大连市、青岛市、武汉市);"上缴递增包干"(广东省、湖南省);"定额上缴"(上海市、山东省、黑龙江省);"定额补助"(吉林省、江西省、甘肃省、内蒙古自治区、西藏自治区等16个省、自治区)(廖运凤等,2003)。

在"分级包干"财政体制下,各地方政府有了一定的财权和财力,有了相对独立的经济利益以后,各地方政府的积极性大大提高了,为了争夺财源、发展经济,相互之间必然会展开激烈的竞争。

表 3.5　1980—1993 年"分级包干"财税体制的变动概况

体制类型	中央与地方的分配关系
划分收支,分级包干 (1980—1984 年)	固定比例分成(1 省);分类分成(15 省);定额包干(2 省);直辖市体制(3 市);少数民族地区体制(8 个省、区)
划分税种,分级包干 (1985—1987 年)	固定比例分成(17 省);定额上解(1 省);定额补助(4 省);定额包干(2 省);少数民族地区体制(8 省)
地方大包干 (1988—1993 年)	收入递增包干(10 省、市);固定比例分成(3 省);总额分成加增长分成(3 省);上解比例递增包干(2 省);定额上解(3 省);定额补助(16 省、市)

资料来源:[中]刘美珣、[俄]列乌斯基·亚历山大·伊万诺维奇主编:《中国与俄罗斯:两种改革道路》,清华大学出版社 2004 年版,第 160 页。

3.2.3　以"分税制"为基础的财税体制及其基本内容

改革初期实行的以财政包干为基本特征的财政分权体制虽然大大激发了地方政府的积极性,但它毕竟还是一种中央政府和地方政府之间讨价还价的行政性分权模式,是以保持计划经济框架为目标的分权,还没有走向以统一市场、平等竞争为目标的财税体制,即以市场经济为目标的分权(吴敬琏,2004)。[①]为了与从计划经济向市场经济转轨的改革相适应,中国迫切需要建立起分税制。分税制是通过对税种和税收管理权限的划分确立政府间财力分配关系的一种制度,以分税制为基础的分级财政,是国家财政管理体制的一种形式(贾康、阎坤,2000)。

1992—1993 年期间,中央政府先后在辽宁、浙江、天津、重庆、武汉、沈阳、大连、青岛、新疆等省、市、区进行了"分税制"改革的试点。1993 年 12 月 15 日国务

---

① 20 世纪 80 年代中期经济学界围绕经济体制改革分别提出了行政性分权和经济性分权的概念。

院颁布了《关于实行分税制财政管理体制的决定》,并于1994年1月1日起正式启动与实施。

1."分税制"财政体制改革的指导思想

"分税制"财政体制改革的指导思想包括以下几个方面:

(1)正确处理中央与地方的分配关系,调动中央与地方的积极性,促进国家财政收入合理增长。

既要考虑地方利益,调动地方发展经济、增收节支的积极性,又要逐步提高中央财政收入的比重,适当增加中央财力,增强中央政府的宏观调控能力。为此,中央要从今后财政收入的增量中适当多得一些,以保证中央财政收入的稳定增长。

(2)合理调节地区之间的财力分配。

即既要有利于经济发达地区继续保持较快的发展势头,又要通过中央财政对地方的税收返还和转移支付,扶持经济不发达地区的发展和老工业基地的改造。同时,促使地方加强对财政支出的约束。

(3)坚持统一政策与分级管理相结合的原则。

划分税种不仅要考虑中央与地方的收入分配,还必须考虑税收对经济发展和社会分配的调节作用。中央税、共享税以及地方税的立法权都要集中在中央,以保证中央政令统一,维护全国统一市场和企业平等竞争。税收实行分级征管,中央税和共享税由中央税务机构负责征收,共享税中地方分享的部分,由中央税务机构直接划入地方金库,地方税由地方税务机构负责征收。

(4)坚持整体设计与逐步推进相结合的原则。

分税制改革既要借鉴国外经验,又要从我国的实际出发。在明确改革目标的基础上,办法力求规范化,但必须抓住重点,分步实施,逐步完善。要针对收入流失比较严重的状况,通过划分税种和分别征管堵塞漏洞,保证财政收入的合理增长;要先把主要税种划分好,逐步规范其他收入的划分;作为过渡办法,现行的补助、上解和有些结算事项继续按原体制运转;中央财政收入占全部财政收入的比例要逐步提高,对地方利益格局的调整也宜逐步进行。总之,通过渐进式改革先把分税制的基本框架建立起来,在实施中逐步完善。

2."分税制"财政体制改革的基本内容

"分税制"财政体制改革的基本内容包括以下四个方面。

(1)中央与地方事权和支出的划分。

根据现在中央政府与地方政府事权的划分,中央财政主要承担国家安全、外交和中央国家机关运转所需经费,调整国民经济结构、协调地区发展、实施宏观调控所必需的支出以及由中央直接管理的事业发展支出。地方财政主要承担本地区政权机关运转所需支出以及本地区经济、事业发展所需支出。中央与地方财政支出范围的划分如下表 3.6 所示。

表 3.6　中央与地方财政支出范围的划分

中央政府支出	国防费 武警经费 重点建设资金 中央级行政管理费 中央本级的各项事业费 国内外借款的还本付息
地方政府支出	地方行政管理费 地方各项事业费 地方统筹的基本建设、技术改造金 支农资金 城市维护和建设经费 价格补贴费 其他费用

资料来源:[中]刘美珣、[俄]列乌斯基·亚历山大·伊万诺维奇主编:《中国与俄罗斯:两种改革道路》,清华大学出版社 2004 年版,第 163 页。

(2)中央与地方收入的划分。

应根据事权与财权相结合的原则,按税种划分中央与地方的收入。将维护国家权益、实施宏观调控所必需的税种划为中央税;将与经济发展直接相关的主要税种划为中央与地方共享税;将适合地方征管的税种划为地方税,并充实地方税税种,增加地方税收入。具体划分如下表 3.7 所示。

表 3.7　中央、地方、中央与地方共享税的划分

中央固定收入	关税、海关代征的消费税、增值税 消费税 地方和外资银行及非银行金融企业所得税 铁道、银行总行、保险总公司等集中交纳的收入(包括营业税、所得利润和城市维护建设税) 中央企业上缴利润
中央与地方共享收入	增值税:中央 75%,地方 25% 资源税:海洋石油资源税归中央,其余资源税归地方 证券交易税:中央 50%,地方 50%
地方固定收入	营业税(不含铁道、银行总行、保险总公司等集中交纳的营业税) 地方企业所得税(不含地方银行和外资银行及非银行金融企业所得税) 个人所得税 城镇土地使用税 固定资产投资方向调节税 城市维护建设税(不含铁道、银行总行、保险总公司等集中交纳的营业税部分) 房产税 车船使用税 印花税 屠宰税 农业税 牧业税 耕地占用税 契税 遗产和赠与税 土地增值税 国有土地有偿使用收入

资料来源:中央财经领导小组办公室主编:《当前几项重大经济体制改革》,人民出版社 1994 年版,第 106 页。

(3) 中央财政对地方税收返还数额的确定。

为了保持现有地方既得利益格局,逐步达到改革的目标,中央财政对地方税收返还数额以 1993 年为基期年核定。按照 1993 年地方实际收入以及税制改革

和中央与地方收入划分情况,核定 1993 年中央从地方净上划的收入数额(即消费税加上 75% 的增值税再减去中央下划收入)。1993 年中央净上划收入,全额返还地方,保证现有地方既得财力,并以此作为以后中央对地方税收返还基数。1994 年以后,税收返还额在 1993 年基数上逐年递增,递增率按全国增值税和消费税的平均增长率的 1∶0.3 系数确定,即上述两税全国平均每增长 1%,中央财政对地方的税收返还增长 0.3%。若 1994 年以后中央净上划收入达不到 1993 年基数,则相应扣减税收返还数额。

(4) 原体制中央补助、地方上解以及有关结算事项的处理。

为顺利推行分税制改革,1994 年实行分税制以后,原体制的分配格局暂时不变,过渡一段时间再逐步规范化。原体制中央对地方的补助继续按规定补助。原体制地方上解仍按不同体制类型执行:实行递增上解的地区,按原规定继续递增上解;实行定额上解的地区,按原确定的上解额,继续定额上解;实行总额分成的地区和原分税制试点地区,暂按递增上解办法,即按 1993 年实际上解数,并核定一个递增率,每年递增上解。原来中央拨给地方的各项专款,该下拨的继续下拨。地方 1993 年承担的 20% 部分出口退税以及其他年度结算的上解和补助项目相抵后,确定一个数额,为一般上解或一般补助处理,以后年度按此定额结算。

分税制改革重新划分了中央政府和地方政府的事权,使地方政府不再干预营利性企业,真正实现企业的自主经营,与此同时,对于财政支出的合理项目给予地方政府更多的自主权。分税制与以往的财政包干体制存在很大的差异。在财政包干体制下,中央和地方根据某种体制实行收入大包干,中央和地方税收收入捆在一起分成,再实行上缴或补助,而分税制是按照税种划分中央和地方各级政府的收入,各级政府再按照各自的收入安排支出,组织本级政府的预算平衡,这是市场经济体制下处理中央政府和地方政府间财政分配关系以及各级政府与企业间分配关系的一种较规范的办法。中国在 1994 年推行的分税制改革,进一步加剧了中央政府与地方政府之间以及各级地方政府之间的财政竞争,尤其是税收竞争。

3.3 区域性税收优惠政策

中国税收优惠政策体系中的一个重要组成部分是区域性税收优惠政策,是政府出于某种经济、政治或社会目的,对特定地区实施的特别税收优惠政策。在税收立法权高度集中在中央的情况下,各地方政府开展显性税收竞争主要就是通过争取到区域性税收优惠政策来进行的。中国的区域性税收优惠政策主要包括四大类:第一类,改革开放以来,针对沿海地区对外开放窗口城市和地区所制定的税收优惠;第二类,针对老、少、边、穷等经济落后地区制定的税收优惠;第三类,配合西部大开发战略制定的税收优惠;第四类,针对东北老工业基地的税收优惠(万莹,2006)。这些区域性税收优惠政策的具体实施时间见表3.8。

表3.8 中国区域性税收优惠政策的时间表(1979—2004年)

批准年份	开放区的类型和数量	地 理 位 置
1979	经济特区	广东
1980	经济特区	福建
1984	沿海开放城市	辽宁、河北、天津、山东、江苏、上海、浙江、福建、广东、广西
	经济技术开发区	辽宁、河北、天津、山东、江苏、浙江、广东
1985	经济技术开发区	福建
	沿海经济开放区	江苏、浙江、广东、福建、上海
1986	经济技术开发区	上海
1988	经济特区	海南
	经济技术开发区	上海
	沿海经济开放区	天津、河北、辽宁、山东、广西
1990	浦东新区	上海

续表

批准年份	开放区的类型和数量	地 理 位 置
1992	沿边开放城市	安徽、江西、江苏、湖南、湖北、四川(重庆)
	边境经济合作区	黑龙江、吉林、内蒙古、新疆、广西、云南
	内陆省会(首府)开放城市	新疆、广西、云南、黑龙江、吉林、内蒙古、河北、山西、安徽、江西、河南、湖南、四川、贵州、陕西、甘肃、宁夏
	经济技术开发区	福建、辽宁、江苏、山东、浙江
	主要沿海港口城市开发区	天津、广东、山东、江苏、浙江、福建、海南
1993	经济技术开发区	湖北、安徽、四川、浙江、辽宁、吉林、黑龙江、广东、福建
1994	经济技术开发区	北京、新疆
1995	沿海开放城市	北京
2000	经济技术开发区	安徽、河南、陕西、湖南、四川、云南、贵州、江西、新疆、青海、内蒙古
2001	经济技术开发区	广西、山西、宁夏、西藏、江苏
	西部大开发税收优惠	重庆、四川、贵州、云南、西藏、陕西、甘肃、宁夏、青海、新疆、内蒙古、广西
2002	经济技术开发区	甘肃
2004	东北老工业基地	辽宁、吉林、黑龙江

　　资料来源:钟炜:《我国所得税优惠对 FDI 影响的实证分析和政策研究》,上海财经大学博士学位论文,2007 年。

3.3.1　沿海地区对外开放窗口城市和地区的税收优惠政策

　　改革开放以来,中国以邓小平提出的"让一部分地区先富起来"的战略思想为指导,改变了过去与计划经济模式相适应的均衡发展战略,采取了非均衡发展的战略措施,支持地理位置优越、经济基础较好的东南沿海地区优先发展,给这些地区设置了大量的税收优惠政策。区域性税收优惠政策的实施,吸引了大量资本和劳动力聚集到东南沿海地区,极大地推动了这些地区的经济发展,但这也导致东西部地区经济发展的差距越拉越大。

为了加快经济的发展,中国先后设立了深圳、珠海、汕头、厦门和海南 5 个经济特区;确定了上海、天津、北海、湛江、广州、福州、宁波、南通、连云港、青岛、威海、烟台、大连、秦皇岛等 14 个城市为沿海开放城市;开辟了长江三角洲、珠江三角洲、闽南三角地区、辽东半岛、山东半岛、环渤海地区等沿海经济开放区。这些地区都不同程度地享受到了国家所给予的税收优惠政策。

1. 经济特区

经济特区的税收优惠政策包括以下几个方面:

(1) 设在经济特区的外商投资企业和在经济特区内设立机构、场所,从事生产、经营的外国企业,可以减按 15% 的税率征收企业所得税。

(2) 外国企业来源于经济特区的股息、利息、租金、特许权使用费和其他所得,除了依法免征所得税的以外,都可以减按 10% 的税率征收所得税。其中,提供的资金、设备条件优惠,或者转让的技术先进,需要给予更多减税、免税优惠的,由所在省、市人民政府决定。

(3) 设在经济特区所在城市的老市区的生产性外商投资企业,可以减按 24% 的税率征收企业所得税。其中,从事技术密集、知识密集型项目,外商投资在 3 000 万美元以上,回收期长的项目的企业,经过批准,可以减按 15% 的税率征税。

(4) 在经济特区设立的外资银行、中外合资银行等金融机构,外国投资者投入资本或者分行由总行拨入营运资金超过 1 000 万美元,经营期在 10 年以上的,可以减按 15% 的税率征收企业所得税。同时,经过批准,可以从开始获利年度起,第一年免征企业所得税,第二年和第三年减半征税。

(5) 在经济特区内设立的从事服务性行业的外商投资企业,外商投资超过 500 万美元,经营期在 10 年以上的,经过批准,可以从开始获利的年度起,第一年免征企业所得税,第二年和第三年减半征税。

(6) 经济特区内的企业生产的产品,在本特区内销售的,暂免征收增值税。

2. 沿海经济开放区

沿海经济开放区的税收优惠政策包括以下几个方面:

（1）设在沿海经济开放区的生产性外商投资企业,可以减按 24% 的税率征收企业所得税。其中,从事技术密集、知识密集型项目,外商投资在 3 000 万美元以上,回收期长的项目的企业,经过批准,可以减按 15% 的税率征税。

（2）外国企业来源于沿海经济开放区的股息、利息、租金、特许权使用费和其他所得,除了依法免征所得税的以外,都可以减按 10% 的税率征收所得税。其中,提供的资金、设备条件优惠,或者转让的技术先进,需要给予更多减税、免税优惠的,由所在省、市人民政府决定。

3. 经济技术开发区

经济技术开发区的税收优惠政策包括以下几个方面:

（1）设在经济技术开发区的生产性外商投资企业,可以减按 15% 的税率征收企业所得税。

（2）设在经济技术开发区所在城市的老市区的生产性外商投资企业,可以减按 24% 的税率征收企业所得税。其中,从事技术密集、知识密集型项目,外商投资在 3 000 万美元以上,回收期长的项目的企业,经过批准,可以减按 15% 的税率征税。

（3）外国企业来源于经济技术开发区的股息、利息、租金、特许权使用费和其他所得,除了依法免征所得税的以外,都可以减按 10% 的税率征收所得税。其中,提供的资金、设备条件优惠,或者转让的技术先进,需要给予更多减税、免税优惠的,由所在省、市人民政府决定。

4. 边境对外开放城市

在满洲里、珲春、凭祥、瑞丽、伊宁、二连浩特等若干边境对外开放城市设立的生产性外商投资企业,可以减按 24% 的税率征收企业所得税。

5. 沿江开放城市

在芜湖、九江、武汉、岳阳、宜昌、重庆等若干城市实行沿海经济开放区的税收优惠政策。

6. 内陆开放城市

在北京、石家庄、太原、呼和浩特、哈尔滨、长春、南昌、合肥、郑州、长沙、南宁、成都、昆明、贵阳、西安、兰州、西宁、银川、乌鲁木齐等若干内陆城市实行沿海经济开放区的税收优惠政策。

7. 高新技术产业开发区

在高新技术产业开发区设立的中资和外商投资高新技术企业,可以减按15%的税率征收企业所得税。其中,中资企业可以从生产、经营之日起免征企业所得税2年;经营期10年以上的中外合资经营企业,经过批准,可以从开始获利的年度起免征企业所得税2年。

8. 国家旅游度假区

设在海南亚龙湾、昆明滇池、北海银滩、福建武夷山、江苏太湖、大连金石滩等若干国家旅游区的外商投资企业,可以减按24%的税率征收企业所得税。

3.3.2 西部大开发地区的税收优惠政策

由于东西部经济发展的差距越拉越大,从经济社会发展的大局出发,1999年9月,党的十五届四中全会决定明确提出实施西部大开发战略。2000年10月,国务院对实施西部大开发战略的政策措施提出了具体要求,2001年财政部、国家税务总局和海关总署据此制定了相应的税收优惠政策,其主要内容有:(1)在2001年至2010年间,对设在西部地区国家鼓励类产业的内、外资企业,减按15%的税率征收企业所得税;(2)对在西部地区新办的交通、电力、水利、邮政、广播电视企业,享受"两免三减半"的税收优惠;(3)对为保护生态环境,退耕还林、还草产出的农业特产收入,自取得收入年份起10年内免征农业特产税;(4)对西部地区公路国道、省道建设用地,比照铁路、民航建设用地免征耕地占用税;(5)对西部地区内外资鼓励类产业及优势产业项目在投资总额内进口的自用设备,免征关税和进口环节增值税;(6)经地方人民政府的批准,民族自治地方的内资企业可以定期减征或免征企业所得税。

3.3.3 老、少、边、穷地区的税收优惠政策

老、少、边、穷地区的税收优惠政策包括以下几个方面:

（1）农民的生产、生活困难的革命老根据地、少数民族地区和山区,经过批准,可以减征农业税。

（2）在国家确定的革命老根据地、少数民族地区、边远地区、贫困地区新办的企业,经过税务机关批准,可以从开始生产、经营之日起,减征或者免征企业所得税 3 年。

（3）民族自治地方的企业,需要鼓励和照顾的,经过省(自治区、直辖市)人民政府批准,可以定期减征或者免征企业所得税。

（4）设在不发达地区的外商投资企业,在法定减免税期满以后,经过国家税务总局批准,在以后的 10 年中,还可以按照其应纳企业所得税税额减征 15％ 至 30％。

（5）设在中西部地区的国家鼓励类外商投资企业,在享受法定税收优惠期满以后 3 年之内,可以减按 15％ 的税率征收企业所得税。在此期间,企业被确认为产品出口企业且当年出口产品产值达到总产值 70％ 以上的,可以减按 10％ 的税率征收企业所得税。

（6）革命老根据地、少数民族地区、山区生活困难的农户,在规定标准以内新建住宅,缴纳耕地占用税确有困难的;在上述贫困地区采取以工代服办法修筑的公路,缴纳耕地占用税确有困难的,可以免征或者减征耕地占用税。

3.3.4　东北老工业基地的税收优惠政策

这里的“东北地区”指辽宁省(含大连市)、吉林省和黑龙江省。振兴东北老工业基地的税收优惠政策主要包括以下两个方面:

1. 有关企业所得税的税收优惠政策

（1）提高固定资产折旧率。

东北地区工业企业的固定资产(房屋、建筑物除外),可在现行规定折旧年限的基础上,按不高于 40％ 的比例缩短折旧年限。

（2）缩短无形资产摊销年限。

东北地区工业企业受让或投资的无形资产,可在现行规定摊销年限的基础上,按不高于40%的比例缩短摊销年限,但协议或合同约定有使用年限的无形资产,应按协议或合同约定的使用年限进行摊销。

(3) 提高计税工资税前扣除标准。

东北地区企业的计税工资税前扣除标准提高到每月人均1 200元(原规定为800元),具体扣除标准由地方人民政府根据当地平均工资水平,在不超过上述限额内确定。企业在地方人民政府确定的标准以内实际发放的工资可以在税前扣除。

2. 有关增值税的税收优惠政策

(1) 扩大增值税抵扣范围的具体行业和企业范围。

扩大增值税抵扣范围的具体行业和企业范围包括以下八个方面:

①装备制造业:包括通用设备制造业;专用设备制造业;电气机械及器材制造业;仪器仪表及文化办公用品制造业;通信设备、计算机及其他电子设备制造业;航空航天器制造业;铁路运输设备制造业;交通器材及其他交通运输设备制造业。②石油化工业:包括石油加工、炼焦及核燃料加工业;化学原料及化学制品制造业;化学纤维制造业;医药制造业;橡胶制品业;塑料制品业。本行业不包括焦炭加工业。③冶金业:包括黑色金属冶炼及压延加工业;有色金属冶炼及压延加工业。不包括年产普钢200万吨以下、年产特殊钢50万吨以下、年产铁合金10万吨以下的钢铁生产企业和电解铝生产企业。④船舶制造业:包括船舶及浮动装置制造业。⑤汽车制造业:包括汽车制造业。⑥农产品加工业:包括农副食品加工业;食品制造业;饮料制造业;纺织业;纺织服装、鞋、帽制造业;皮革、皮毛、羽毛(绒)及其制品业;木材加工及木、竹、藤、棕、草制品业;家具制造业;造纸及纸制品业;工艺品及其他制造业。⑦军品工业:是指为军队、武警、公安系统生产的产品的年销售额占全部销售额50%(含50%)以上的企业。⑧高新技术产业。

(2) 准予从销项税额中抵扣的进项税额。

准予从销项税额中抵扣的进项税额包括以下五个方面:

①购进固定资产。②接受捐赠和实物投资的固定资产。③用于自制(含改

建、安装,下同)固定资产的购进货物或应税劳务;将自产或委托加工的货物用于自制固定资产的,不再作为视同销售处理。④通过融资租赁方式取得的固定资产,凡出租方按照《国家税务总局关于融资租赁业务征收流转税问题的通知》(国税函[2000]514号)的规定缴纳增值税的。⑤为固定资产所支付的运输费用;本规定所称固定资产是指《中华人民共和国增值税暂行条例实施细则》第十九条所规定的固定资产。纳税人外购和自制的不动产不属于本规定的扣除范围。纳税人必须凭取得的自本规定实施之日起开具的固定资产增值税专用发票、运输发票或海关完税凭证抵扣进项税额。纳税人为自制固定资产领用的2004年6月30日之前购进的货物,其已抵扣的进项税额不再转出。

3.4 政府官员政绩考核评价制度

虽然税收竞争是一种政府行为,但是这种政府行为毕竟是由具体的官员来作出的,因此中国各地方政府间的税收竞争也必然会受到政府官员个人目标函数的影响。而政府官员的目标函数在很大程度上是由政府官员政绩考核评价体系来确定的。

3.4.1 改革开放以前的政府官员政绩考核评价体系

新中国成立初期,中共中央组织部发布了《关于干部鉴定工作的规定》,对政府官员的政绩考核采取"鉴定"和"考察"的形式。所谓"鉴定",是政府官员在一定工作或学习期间(一般为一年)各方面表现的检查和总结。考察的内容主要包括官员的立场、观点、作风、掌握政策、遵守纪律、联系群众、学习态度方面。鉴定方式主要有三种:个人自我检讨、群众会议讨论和领导负责审查。1951年1月,中共中央提出了以"政治品质"和"业务能力"这两个标准来对政府官员进行考察。

1964 年中共中央组织部发布了《关于科技干部管理工作条例试行草案》,对如何考核政府官员作出了比较详细的规定:"在政治思想方面,考察了解他们对党的路线、方针、政策的认识和执行情况;在社会主义同资本主义的政治斗争中的表现和他们的政治历史、道德品质、思想作风。在业务方面,考察了解他们完成工作任务的情况和工作的贡献,科学技术水平和业务能力。对高中级干部,考察了解他们培养新生力量的状况。"

可见,改革开放以前,在当时的大环境下政府官员考核评价体系中主要涉及的是政治方面的内容,与经济增长率几乎没有什么关系,政府官员根本就不可能有动力开展税收竞争来推动当地的经济发展。

3.4.2　改革开放以后的政府官员政绩考核评价体系

1979 年 11 月中央组织部发布了《关于实行干部考核制度的意见》,规定政府官员考核要坚持德才兼备的原则,按照各类干部胜任现职所应具备的条件,从德、能、勤、绩四个方面进行考核。1980 年 8 月中央政治局会议提出了政府官员"革命化、年轻化、知识化、专业化"的要求。1996 年中央组织部发布了《县级党政领导班子政绩考核办法及考评标准体系》,为考核政府官员的政绩设立了三大类的指标体系,一是经济发展指标,二是社会发展指标,三是精神文明建设和党的建设指标。

在这个时期,围绕"以经济建设为中心"的基本路线,在"重经济、轻社会、轻生活"的指导思想下,政府官员政绩考核的一个重要标准是当地的经济实绩,而 GDP 是衡量经济实绩的主要指标。由于 GDP 是可以量化的,是政府官员政绩最直观的体现,因此,GDP 指标逐步演变成了一种"准干部考核指标"。[1] 在 GDP 考核指标的驱动下,各地官员为了实现自己的晋升目标,不惜采取一切手段与其他政府进行竞争来推动当地的经济增长,这其中就包括税收竞争。

---

① 庄国波:《领导干部政绩评价的理论与实践》,中国经济出版社 2007 年版,第 47 页。

第4章

中国地方政府间税收竞争反应函数的截面估计

本书主要是想利用面板数据模型来证明中国确实存在着税收竞争,并通过税收竞争反应系数的估计来了解中国各地方政府间税收竞争的程度;同时考虑到中国疆域辽阔,各区域之间经济发展极其不平衡,对全国31个地方政府间税收竞争反应函数的估计过于笼统,况且税收竞争更容易在经济、政治环境类似、地理位置接近的地方政府间展开,因此本书还将全国划分为东、中、西部三大地区,分别对它们内部各地方政府间的税收竞争情况作了估计,分析三大地区间税收竞争的规律和差异。

沈坤荣、付文林(2006)在《税收竞争、地区博弈及其增长绩效》一文中所探讨的问题与本书极其类似,所不同的是他们运用1992年和2003年的截面数据来估计税收竞争反应函数,并且得到了中国各地方政府间税收竞争反应函数斜率为负的结论,他们对此所作出的解释是中国各地方政府间在税收竞争中所采取的是差异化的竞争策略,即当各竞争性地方政府为了吸引流动要素的进入采取减税措施的时候,给定地方政府反而会增税,反之亦然。但是,笔者认为他们的结论明显不符合经济直觉,从统计数据的结果来看,自1978年以来,各地方政府间的平均宏观税率都是竞相下降的,所以一般来说税收竞争反应函数的斜率为正比较符合客观实际情况。为了和沈坤荣、付文林的研究结果进行对照,本书也用一章的篇幅,运用1992年和2006年的截面数据对中国各地方政府间的税收竞争反应函数进行估计,这也方便和本书后面两章面板数据的估计结果作比较。当然,通常来说,面板数据的估计结果更为可信。

4.1 基本假设和计量经济模型的构建

4.1.1 基本假设

假设一：税收竞争反应系数非零，即在中国各地方政府之间税收竞争是客观存在的。

实证的任务是要估计税收竞争反应函数，当被估计出来的反应函数斜率非零的时候，就证明政府之间确实存在着税收设置上的战略交互作用。

从客观条件上来说，中国是一个中央集权制国家，地方政府没有税收立法权，因此中国地方政府间的显性税收竞争行为较少，也就是说各地方政府不能通过调整法定税率的形式来开展税收竞争，但是中国自1978年实行改革开放以来，各地方政府逐步拥有了相对独立的经济利益，这就驱使它们为了吸引流动要素的进入而不断展开隐性的税收竞争。再加上中央政府对地方官员的政绩考核评价体系中一个至关重要的指标就是GDP的增长速度，这给了地方政府很大的激励来开展税收竞争。正是基于地方政府拥有相对独立的经济利益和对地方政府官员政绩考核评价体系中的GDP导向，本书给出了税收竞争反应系数非零的基本假设。

假设二：税收竞争反应系数为一正值，即一个地方政府的宏观税负与其他竞争性地方政府的宏观税负正相关。

沈坤荣、付文林（2006）运用1992年和2003年的截面数据，估计出中国省际税收竞争反应函数斜率为负，这意味着当一个省份减税的时候，与其竞争的省份不会跟着减税，而是增加税收。这与中国的实际经济情况是相悖的。从统计数据的描述来看，中国各个地方政府的一般预算内平均宏观税负都呈不断下降的趋势，如北京的一般预算内平均宏观税负在1978年高达46%，此后税负不断下调，最低的时候在1995年仅为8%；安徽在1978年的一般预算内平均宏观税负为

20％,最低的时候如 1994 年、1995 年仅为 4％;甘肃在 1978 年的一般预算内平均宏观税负是 32％,而在 1994 年以后,税负均保持在 6％的水平。[①]而从全国的情况来看,1978—2006 年,最高一般预算内平均宏观税率为 62％,最低一般预算内平均宏观税率为 3％,全国的一般预算内平均宏观税率为 11％。[②]时,全国的预算外平均宏观税负也呈现出相同的趋势。

正是基于统计数据显示出的全国各个省份宏观税负不断下降的客观事实,本书作出了第二个基本假设:税收竞争反应系数为一正值,即一个省份下调宏观税负,与其竞争的省份也会相应下调宏观税负水平,反之亦然。

4.1.2　计量经济模型的构建

要测度税收竞争是否存在以及地方政府之间税收竞争的程度,首先必须构建税收竞争反应函数。为了从实证上测度各地方政府之间的税收战略交互作用,必须要解决参数的识别问题,即我们所得到的结论必须是指税收战略交互作用。

1. 内生交互作用模型

Manski(1993)认为社会/空间交互作用模型(税收竞争就属于这类模型)中的参数仅仅在一些严格的假定之下可以被识别。他定义了三种类型的交互作用:(1)前后关系效应(contextual effects),与该群体的内生特征相关;(2)内生效应(endogenous effects),即该群体中两两单位之间的交互作用;(3)关联效应(correlated effects),即各单位有共同的特征,使得他们的行为相似。要在一个简单的方程中从计量上区分这三种效应是一个相当大的挑战。

为了阐明这三种效应,先考虑一个给定时期的一般截面模型:

$$Y_i = \alpha + \delta E(Y_i \mid Z_i) + X_i'\beta + E(Y_i \mid Z_i)'\kappa + u_i, \quad i = 1, \cdots, N \quad (4.1)$$

这里 Y_i 是因变量(在税收竞争情形中为税率),Z_i 是该群体的一个外生特征

①② 这些数据均为笔者根据《新中国五十五年统计资料汇编:1949—2004》和 2006 年、2007 年《中国统计年鉴》的统计数据计算而得。

向量,X_i 是单位被观察到的特征,E 是期望算子,N 指横截面单位数量。要被估计的参数是 α, δ, β 和 κ。个体未被观察到的特征包含在 u_i 里面,并且假定群内个体之间相互关联,即 $E(u \mid X_i, Z_i) = Z'_i\eta$,这隐含着在给定被观察到的变量 X_i 和 Z_i 的情况下,Y_i 的期望值为:

$$E(Y_i \mid X_i, Z_i) = \alpha + \delta E(Y_i \mid X_i) + X'_i\beta + E(X_i \mid Z_i)'\kappa + Z'_i\eta \qquad (4.2)$$

在该式(4.2)中,内生效应由参数 δ 来测量,前后关系效应由 κ 来测量,关联效应由 η 来测量。该模型的缩略形式为:

$$E(Y_i \mid X_i, Z_i) = \alpha/(1-\delta) + E(X_i \mid Z_i)'(\kappa+\beta)/(1-\delta) + Z'_i\eta/(1-\delta), \quad \delta \neq 1$$
$$(4.3)$$

这表明如果没有作进一步的限制,不同的社会效应不能被分开识别。

作为解决特定识别问题的第一步,可以考虑税收竞争文献中强加的一些实际限制。一般来说,文献忽略了在被观察群体特征和被观察个体特征之间的交互作用,因而隐含假定 $\kappa = 0$。这留下了对内生效用 δ 和关联效用 η 的识别,这是不切实际的,因为条件均值 $E(Y_i \mid X_i)$ 和外生群体特征 Z'_i 两者在横截面单位上是固定的。空间计量文献提出了用 WY_i 来代替 $E(Y_i \mid X_i)$ 的观点,这里 W 是一个 $N \times N$ 阶外生给定的空间权重矩阵;WY_i 因而是其他(邻近)辖区因变量的平均权重。区分问题被解决了,因为邻近辖区的平均权重在 WY_i 中引进了一些横截面变量,由于不是样本中的所有辖区都要识别开来,而 Z_i 仍然保持不变。

2. 税收竞争反应函数

在存在税收竞争的情况下,一个地区的税率设置不仅取决于本地区的经济发展状况、公共支出水平等因素,其他竞争地区的税率水平和结构也会对该地区的税率设置产生相当重要的影响。但是给定地区的竞争对手该如何确定呢?这是一个相当关键的问题。应该说,到目前为止,仍然缺乏对地方政府的合适竞争对象规格的研究。Case、Hines 和 Rosen(1993)关于各州间财政政策相互依赖的论文,可以被解释为寻找美国内陆所有州的竞争对手的一个正式演习。他们估计了美国内陆从 1970 年到 1985 年的一个横截面时间序列模型,在这个模型里面,一个州的支出被假定为是它自己的特性和一些处在相似情形州支出的函数。他们发现相似情形的州增加 1 美元的支出,一个州会增加自己的支出 70 美分。作者基于地理、个人平均所得、黑人占人口的百分比、农业雇用人口百分比、制造业、服务或者贸易,试图给出相似情形州的不同解释。本书参照 Genser 和 Weck-Hanne-mann(1993)、沈坤荣和付文林(2006)、Jan P. A. M. Jacobs(2007)的处理方法,将其他所有的地区都看做给定地区的竞争对象,并通过权重赋值的方式对竞争地区的相对重要性进行区分。

沈坤荣、付文林(2006)在估计中国省际税收竞争反应函数的时候,采用的是 Brueckner 和 Saavedra(2001)的空间滞后分析框架的简化模型:

$$t_i = \varphi \sum_{j \neq i} w_{ij} t_j + Z_i \theta + \varepsilon_i \tag{4.4}$$

这里,t_i 为给定地区的税率,t_j 为竞争地区的税率,Z_i 为由给定地区的社会经济特征、公共支出水平等构成的一个向量,w_{ij} 为给竞争地区进行权重赋值的一个权重集,ε_i 为误差项,φ 和 θ 是待估计的参数。本章亦采用这一模型来对税收竞争反应函数进行估计。

4.1.3　权重矩阵

权重矩阵反映了其他地区影响某一特定地区税收设置行为的重要性。

下面介绍四种不同的权重矩阵设置方法:

第一种矩阵是由地区邻近程度构成,即它们是否分享一个共同的边界。邻近地区矩阵要素 W_C 是:

$$w_{ij} \equiv \begin{cases} b_{ij} / \sum_{j=1}^{N} b_{ij} > 0 \\ 0 \end{cases} \quad \text{当 } i = j \text{ 时}, w_{ij} = 0 \tag{4.5}$$

这里 b_{ij} 是一个边界虚拟,当地区 i 和 $j = 1, \cdots, N$ 分享一个共同的边界时,b_{ij} 等于 1,否则等于 0。对角元素被定义为 0。因为各行被标准化(即它们加总为 1),空间滞后是税率的平均权重。

第二个矩阵是由两个地区之间距离的倒数构成的,是一种重要的方法。和前一种测度方法相对照,距离方案涵盖了各个地区之间的税收竞争。距离矩阵的要素 W_D 可以写为:

$$w_{ij} \equiv \begin{cases} \dfrac{1}{d_{ij}^2} / \sum_{j=1}^{N} \dfrac{1}{d_{ij}^2} > 0 \\ 0 \end{cases} \quad 当 i = j 时, w_{ij} = 0 \qquad (4.6)$$

这里,d_{ij} 反映了地区 i 和 j 最大的城市之间的距离,被计算为给定经度和纬度的大圆圈距离。离地区 i 较远的地区对它的税率设置有较小的效应。正方形距离引进了一个非线性,它增加了离地区 i 较近的地区更多比例的权重。

第三个矩阵考虑了地区 i 和 j 之间的边界长度。边界长度矩阵的典型要素 W_B 为:

$$w_{ij} \equiv \begin{cases} l_{ij} / \sum_{j=1}^{N} l_{ij} > 0 \\ 0 \end{cases} \quad 当 i = j 时, w_{ij} = 0 \qquad (4.7)$$

这里 l 是地区 i 和 j 之间共同的边界长度。

第四个矩阵考虑沿着边界的人口密度为 $s_{ij} \equiv P_{ij} + P_{ji}$,这里 P_{ij} 指地区 i 邻近地区 i 和 j 之间共同边界的人口,P_{ji} 指地区 j 邻近地区 i 和 j 之间共同边界的人口。人口密度矩阵要素 W_P 为:

$$w_{ij} \equiv \begin{cases} s_{ij} / \sum_{j=1}^{N} s_{ij} > 0 \\ 0 \end{cases} \quad 当 i = j 时, w_{ij} = 0 \qquad (4.8)$$

本书采用第二种权重矩阵,即距离矩阵,原因在于地区之间税收竞争的强弱程度与各地区之间的距离远近有着非常重要的关系,另外,采用距离矩阵有利于分析全国 31 个地方政府间的税收竞争,其他几个矩阵都很难做到将所有省份涵盖在一个模型之内。

4.2　变量解释和数据来源

4.2.1　变量解释

从式(4.4)来看,在税收竞争反应函数的估计中主要涉及的变量有:因变量为给定地方政府的平均宏观税率;解释变量为其他竞争性地方政府平均宏观税率进行加权以后的加总;控制变量为给定地方政府的经济发展水平和财政支出状况。

1. 给定地方政府的税率

(1)名义税率。

名义税率(nominal or statutory tax rate)又称法定税率,是由中央和各级地方政府运用自己手中的立法权制定的税率。但是由于要维护税法的权威性,因此名义税率一旦制定下来,就要在相当长的一段时间内保持不变。名义税率的这种特性,使得一般的实证文献都不采用它作为因变量和解释变量,因为没有太大的现实意义。联系中国的情况,就更不可能采用名义税率作为变量来进行模拟分析了,因为中国的税收立法权是受到严格控制的,在现阶段各级地方政府根本就不可能运用税收立法权来制定名义税率。

(2)边际有效税率。

边际有效税率(the marginal effective tax rate,METR)和下面即将要介绍的平均有效税率,是实证研究中经常用到的两种有效税率。边际有效税率起源于新古典理论中的公司利润最大化,原则上可以对任一进入生产函数的投入得到。投入通常基于一个集合来进行度量,譬如劳动和资本,资本也许被分解成机器、厂房、土地和存货。METR 是对投资最后一单位资本的边际成本产生的收入上的有效税率(Chen,2000),它是私人部门边际资本报酬税率的总和与储户税后收到的报酬率之差(Boadway et al.，1984)。该方法首先由 King 和 Fullerton(1984)发起，目前世界银行已经广泛开展了对 METR 的计算工作。McKenzie 和 Mansour(1998)，McKenzie 等(1997)，McKenzie(1994)，McKenzie 等(1992)，Boadway 等(1984)，Boadway 等(1987)，Boadway 和 Shah(1992)，Chen(2000)都在该领域做了很多详细的工作。

METR 考虑到了国家税法的一些复杂性，例如对不同的产业进行不同的税收对待，对新投资的不同融资方式进行不同的税收对待，等等。METR 的支持者认为它对评估公司关于新投资场所的微观决策是有用的，但是它不适合用来测量现有资本的税收负担，因此对于评估税收体制的公平性和均等化不适用(OECD，2000，Chap. 5，pp. 70—73)。本书主要考虑的是各地方政府之间的宏观税负竞争，因此 METR 也不适合用来作为模型中的因变量和解释变量。

(3) 平均有效税率。

平均有效税率(the average effective tax rate，AETR)被定义为税收收入和税前所得的比率，它既可以在宏观和微观水平上被度量，也可以在中观水平(如产业)上被度量。这样度量税率可以反映全部的有效税收负担。

本书的税率指的是平均宏观税率，而不是指某一特定税种如增值税、营业税、企业所得税的税率。由于本书是从平均宏观税负的角度来研究中国各地方政府之间的税收竞争，所以有必要介绍一下关于衡量各地方政府平均宏观税负的口径。根据政府所取得收入的口径不同，衡量宏观税负有大、中、小三种口径：小口径的宏观税负是指税收收入占同期 GDP 的比重；中口径的宏观税负是指财政收入占同期 GDP 的比重，这里的财政收入是指包括税收收入在内的预算内财政收入；大口径的宏观税负是指政府全部收入占同期 GDP 的比重，其中政府全部收入不仅包括预算内财政收入，还包括了预算外收入、社会保障基金收入以及各级政府部门以各种名义向企业和个人收取的没有纳入预算内和预算外管理的制度外收入，即它是各级政府及其部门以各种形式取得的收入的总和(吴玉霞，2007)。出于数据搜集便利性方面的考虑，本书的财政收入包括预算内收入、预算外收入和预算内外收入之和三个方面,所以没有遵循严格意义上的宏观税负口径。本书采用了平均有效税率作为模型中的因变量,即计算各个省份每年的预算内收入占其当期生产总值的比重、预算外收入占其当期生产总值的比重、预算内预算外收入之和占其当期生产总值的比重,这种度量方式可以把因为各种原因引起的税收变动都包含在里面,在中国各地方政府没有税收立法权的情况下,这是测度各地方政府之间隐性税收竞争的一个有效方法。

2. 其他竞争性地方政府税率进行加权以后的加总

由于税收竞争反应函数主要考察其他竞争性地方政府税率的变化对给定地方政府税率的影响,因此,本书一个相当重要的任务是要确定税收竞争的对象。在本书中,沿用了 Genser 和 Weck-Hannemann(1993),Jacobs(2007)等的做法,将给定地方政府以外的其他地方政府都看做竞争对手,但是每个竞争对手的重要性是有差异的,为了以示区别,有必要对各竞争对手的税率进行权重赋值,然后再进行加总。通常来说,距离越近的省份,税收竞争会越激烈,本书采用铁路距离权重来对各竞争性地方政府的相对重要性进行赋值,距离越近,在所有竞争性地方政府中的相对重要性就越大。

3. 控制变量

引起一个省市宏观税负变动的因素不仅仅有其他竞争性省份宏观税负的变化,还有其自身的一些重要经济社会特征,如果略掉这些因素,模型的解释力将会大大降低。本书主要考虑了两个重要的控制变量,一个是给定地方政府的人均 GDP,这个指标能够反映一个地区的经济发展水平,一般来说,税率的高低与其经济发展状况具有强相关关系;另外一个控制变量是给定地方政府的人均公共支出水平,因为收入和支出具有一定的对应关系,这个指标在模型中不可或缺。沈坤荣、付文林(2006)选取了三个变量来反映地区的社会经济特征:政府部门职工人数在总人口中的比重;在校学生人数占总人口的比重;人均 GDP,他们用前两个指标来度量地方政府支出的财政特征。本书在这一点上与沈坤荣、付文林存在差异,直接采用人均公共支出指标来反映地方政府的财政支出状况。

4.2.2 数据来源

本章主要采用1992年和2006年的截面数据来估计税收竞争反应函数,其中1992年的原始数据来自《新中国五十五年统计资料汇编:1949—2004》和1995年《中国财政年鉴》,2006年的原始数据来自2007年《中国统计年鉴》和2007年《中国财政年鉴》。这些原始数据主要包括生产总值、一般预算收入、预算外资金收入、一般预算支出、人口状况、人均地区生产总值。另外,为了计算权重矩阵,还需要各省会城市之间的铁路距离,该数据来源于1994年版的《中国交通营运里程图》。

4.3 数据的描述性统计

4.3.1 模型中变量数据的计算

模型中的变量数据全部由笔者根据收集到的原始数据计算而得,主要包括1992年和2006年31个地方政府的预算内平均宏观税负、预算外平均宏观税负、预算内外收入之和的平均宏观税负,铁路距离权重,加权计算而得的预算内平均宏观税负、预算外平均宏观税负、预算内预算外收入之和的平均宏观税负,人均生产总值,人均公共支出。

1. 各地方政府的平均宏观税负

各地方政府的平均宏观税负主要包括1992年和2006年的预算内平均宏观税负、预算外平均宏观税负、预算内外收入之和的平均宏观税负。1992年和2006年各地方政府的预算内平均宏观税负分别为各自的预算收入与其当期生产总值的比重(见附录C);1992年和2006年各省市的预算外平均宏观税负分别为各自的预算外收入与其生产总值的比重(见附录D);1992年和2006年各地方政府的

预算内外收入之和的平均宏观税负分别为各自的预算内收入和预算外收入之和
与其当期生产总值的比重(见附录 E)。

2. 铁路距离权重

这里的铁路距离指的是各省会城市之间的最短铁路距离。铁路距离权重的
计算公式见式(4.6)。

在计算过程中对列进行标准化,即各列之和为 1。计算铁路距离权重的目的
在于根据距离远近,为特定省份确定其各竞争省份的相对重要程度。由于在计算
加权的预算内平均宏观税负、预算外平均宏观税负和预算内外收入之和的平均宏
观税负时分别包含的省份存在着差异,如加权的预算内平均宏观税负不包括西藏
和海南,加权的预算外平均宏观税负不包括西藏、海南和重庆,加权的预算内外收
入之和的平均宏观税负不包括西藏、海南、重庆和福建,所以铁路距离权重需要计
算三次,分别为 29 个地方政府的铁路距离权重(见附录 K)、28 个地方政府的铁路
距离权重(见附录 L)和 27 个地方政府的铁路距离权重(见附录 M)。

3. 加权的平均宏观税负

加权的平均宏观税负是指在给定一个特定省份的情况下,根据铁路距离权重
加权计算出来的其他各竞争省份的平均宏观税负之和。本书包括加权的预算内
平均宏观税负(见附录 F)、加权的预算外平均宏观税负(见附录 G)和加权的预算
内外收入之和的平均宏观税负(见附录 H)。

4. 人均生产总值

这组数据不需要计算,直接来自原始数据(见附录 A)。

5. 人均公共支出

人均公共支出是各地方政府的一般公共支出与其当期常住人口(天津市为户
籍人口)的比值(见附录 B)。

4.3.2　数据的描述性统计

为了使阅读者对该模型中的截面数据有一个直观的认识,下面简单地做一下

数据的描述性统计。所有的数据都以分税制改革为界,选择 1992 年和 2006 年两个年份来进行分析。

1. 预算内平均宏观税负数据的描述性统计

(1) 1992 年数据的描述性统计。

从表 4.1 可以看出,1992 年关于预算内平均宏观税负竞争模型中,预算内平均宏观税负的均值是 0.10,中位数是 0.09,最大值是 0.18,最小值是 0.06,标准误差为 0.029;加权的预算内平均宏观税负的均值是 0.097,中位数是 0.096,最大值是 0.13,最小值是 0.077,标准误差为 0.013;人均生产总值的均值是 2 557,中位数是 1 906,最大值是 8 652,最小值是 704,标准误差为 1 763;人均公共支出的均值是 282,中位数是 221,最大值是 737,最小值是 128,标准误差为 154;所有变量的观测值均为 27 个,因数据缺失去掉了海南、西藏、福建和重庆四个省份。

表 4.1　中国 1992 年预算内平均宏观税负数据的描述性统计

	预算内平均宏观税负	加权预算内平均宏观税负	人均生产总值	人均公共支出
均　值	0.101	0.097	2 557	282
中位数	0.090	0.096	1 906	221
最大值	0.180	0.134	8 652	737
最小值	0.060	0.077	704	128
标准误差	0.030	0.013	1 763	154
偏　度	1.304	1.142	2.110	1.501
峰　度	4.098	4.570	7.268	4.764
观测值	27	27	27	27

(2) 2006 年数据的描述性统计。

从表 4.2 可以看出,2006 年关于预算内平均宏观税负竞争模型中,预算内平均宏观税负的均值是 0.08,中位数是 0.07,最大值是 0.15,最小值是 0.05,标准误差为 0.024;加权的预算内平均宏观税负的均值是 0.082,中位数是 0.079,最大值是 0.12,最小值是 0.067,标准误差为 0.012;人均生产总值的均值是 19 153,中位数是 14 123,最大值是 57 695,最小值是 5 787,标准误差为 12 550;人均公共支出的均值是 2 884,中位数是 2 207,最大值是 9 893,最小值是 1 533,标准误差为 1 912;所有变量的观测值均为 29 个,因数据缺失去掉了海南、西藏两个省份。

表 4.2 中国 2006 年预算内平均宏观税负数据的描述性统计

	预算内平均宏观税负	加权预算内平均宏观税负	人均生产总值	人均公共支出
均　　值	0.080	0.082	19 153	2 884
中位数	0.070	0.079	14 123	2 207
最大值	0.150	0.120	57 695	9 893
最小值	0.050	0.067	5 787	1 533
标准误差	0.024	0.012	12 550	1 912
偏　　度	1.360	1.734	1.706	2.521
峰　　度	4.493	5.820	5.278	9.023
观测值	29	29	29	29

2. 预算外平均宏观税负数据的描述性统计

(1) 1992 年预算外平均宏观税负数据的描述性统计。

从表 4.3 可以看出,1992 年关于预算外平均宏观税负竞争模型中,预算外平均宏观税负的均值是 0.09,中位数是 0.085,最大值是 0.166,最小值是 0.06,标准误差为 0.024;加权的预算外平均宏观税负的均值是 0.095,中位数是 0.09,最

表 4.3 中国 1992 年预算外平均宏观税负数据的描述性统计

	预算外平均宏观税负	加权预算外平均宏观税负	人均生产总值	人均公共支出
均　　值	0.092	0.095	2 557	282
中位数	0.085	0.090	1 946	226
最大值	0.166	0.136	8 652	737
最小值	0.060	0.080	704	128
标准误差	0.024	0.013	1 730	152
偏　　度	1.073	1.360	2.149	1.537
峰　　度	4.128	4.714	7.537	4.955
观测值	28	28	28	28

大值是 0.136,最小值是 0.08,标准误差为 0.013;人均生产总值的均值是 2 557,中位数是 1 946,最大值是 8 652,最小值是 704,标准误差为 1 730;人均公共支出的均值是 282,中位数是 226,最大值是 737,最小值是 128,标准误差为 152;所有变量的观测值均为 28 个,因数据缺失去掉了海南、西藏,四川包含了重庆。

(2) 2006 年预算外平均宏观税负数据的描述性统计。

从表 4.4 可以看出,2006 年关于预算外平均宏观税负竞争模型中,预算外平均宏观税负的均值是 0.025,中位数是 0.023,最大值是 0.051,最小值是 0.013,标准误差为 0.009 6;加权的预算外平均宏观税负的均值是 0.024,中位数是 0.024,最大值是 0.032,最小值是 0.017,标准误差为 0.003 7;人均生产总值的均值是 19 392,中位数是 14 561,最大值是 57 695,最小值是 5 787,标准误差为 12 713;人均公共支出的均值是 2 911,中位数是 2 370,最大值是 9 893,最小值是 1 533,标准误差为 1 942;所有变量的观测值均为 28 个,因数据缺失去掉了海南、西藏,四川包含了重庆。

表 4.4 中国 2006 年预算外平均宏观税负数据的描述性统计

	预算外平均宏观税负	加权预算外平均宏观税负	人均生产总值	人均公共支出
均 值	0.025	0.024	19 392	2 911
中位数	0.023	0.024	14 562	2 370
最大值	0.052	0.032	57 695	9 893
最小值	0.013	0.017	5 787	1 533
标准误差	0.010	0.004	12 713	1 942
偏 度	1.325	−0.076	1.651	2.459
峰 度	4.714	2.397	5.073	8.673
观测值	28	28	28	28

3. 预算内外收入之和的平均宏观税负数据的描述性统计

(1) 1992 年预算内外收入之和平均宏观税负数据的描述性统计。

从表 4.5 可以看出,1992 年关于预算内外收入之和的平均宏观税负竞争模型中,预算内外平均宏观税负的均值是 0.19,中位数是 0.18,最大值是 0.28,最小值是 0.12,标准误差为 0.045;加权的预算内外平均宏观税负的均值是 0.197,中位数是 0.196,最大值是 0.239,最小值是 0.17,标准误差为 0.018;人均生产总值的均值是 2 557,中位数是 1 906,最大值是 8 652,最小值是 704,标准误差为 1 763;人均公共支出的均值是 282,中位数是 221,最大值是 737,最小值是 128,标准误差为 154;所有变量的观测值均为 27 个,因数据缺失去掉了海南、西藏、福建,四川包含了重庆。

表 4.5　1992 年预算内外收入之和平均宏观税负数据的描述性统计

	预算内外平均宏观税负	加权预算内外平均宏观税负	人均生产总值	人均公共支出
均　值	0.191	0.197	2 557	282
中位数	0.179	0.196	1 906	221
最大值	0.282	0.239	8 652	737
最小值	0.124	0.170	704	128
标准误差	0.045	0.018	1 763	154
偏　度	0.477	0.519	2.110	1.501
峰　度	2.322	2.794	7.268	4.764
观测值	27	27	27	27

(2) 2006 年预算内外收入之和平均宏观税负数据的描述性统计。

从表 4.6 可以看出,2006 年关于预算内外收入之和的平均宏观税负竞争模型中,预算内外平均宏观税负的均值是 0.11,中位数是 0.099,最大值是 0.168,最小值是 0.07,标准误差为 0.026;加权的预算内外平均宏观税负的均值是 0.106,中位数是 0.104,最大值是 0.14,最小值是 0.09,标准误差为 0.012;人均生产总值的均值是 19 314,中位数是 14 123,最大值是 57 695,最小值是 5 787,标准误差为 12 948;人均公共支出的均值是 2 943,中位数是 2 533,最大值是 9 893,最小值是 1 533,标准误差为 1 971;所有变量的观测值均为 27 个,因数据缺失去掉了海南、西藏、福建,四川包含了重庆。

表 4.6　2006 年预算内外收入之和平均宏观税负数据的描述性统计

	预算内外平均宏观税负	加权预算内外平均宏观税负	人均生产总值	人均公共支出
均　值	0.105	0.106	19 315	2 943
中位数	0.099	0.104	14 123	2 533
最大值	0.168	0.142	57 695	9 893
最小值	0.072	0.090	5 787	1 533
标准误差	0.026	0.012	12 949	1 971
偏　度	0.922	1.327	1.642	2.396
峰　度	3.129	4.805	4.941	8.331
观测值	27	27	27	27

4.4　估计结果

4.4.1　关于计量问题的几点说明

在税收竞争反应系数的估计中,有两大需要解决的难题:内生性和异方差。由于解释变量是各竞争性地方政府的平均宏观税负,它们同时进入方程,这意味着我们必须对内生性进行控制。在这种情况下,普通最小二乘估计不再是一致估计,因为在解释变量和残差之间存在相关性。本章采用了 Kelejian 和 Prucha (1998)的做法,运用对各竞争性地方政府的平均宏观税负进行加权的办法来解决内生性问题。对于异方差问题,本章的解决方法是在对残差进行 White 异方差检验以后,再进行加权最小二乘估计,而沈坤荣、付文林(2006)采用的是似然不相关回归分析方法。

本章写作的主要目的是为了与沈坤荣、付文林(2006)的研究结果进行对照,因为笔者认为他们的结论是不符经济直觉的。仔细观察他们的模型和结论,发现在他们的模型设定中并未包含截距项,但是在他们的回归结果中却出现了回归常数,他们的模型设定和回归估计中出现了不一致的地方,即虽然他们设定的是无截距项的模型,但是在回归的时候却按有截距项的模型来估计结果。那么,模型有截距项还是无截距项究竟对研究结果会不会有实质性的影响呢? 这也正是本章想要进行验证的。

通常,我们建立的计量经济模型都是有截距项的,除非有非常强的先验性预期,才建立无截距项的计量经济模型(白雪梅,2003)。但是,从国外关于税收竞争的实证文献来看,计量经济模型的设定中通常都是没有截距项的(Brueckner,2003),这主要是因为在税收反应函数中,无论是因变量还是解释变量都是税率,而税率必定是一个小于 1 大于零的数值(极端情况下也许会出现负值,但这是特例),总而言之,因变量和解释变量都非常小,接近于零,这是无截距的计量经济模型的特征之一。模型选取的原则是宁可取伪也不可弃真,所以建立无截距项的模型应非常慎重。本章无论在截面数据模型的回归还是在面板数据模型的回归中,都同时给出了有截距项和无截距项的回归结果,这样做的目的是通过对比,看哪种模型得到的结果更符合经济直觉。

4.4.2　预算内平均宏观税负截面数据的估计结果

为了对比分税制改革前后中国各地方政府间税收竞争的情况,本章所有的回归分析都选取了 1992 年和 2006 年两个年份的截面数据,并把这两个年份的回归结果放在了同一张表格中,方便进行比较。当然,两个年份的截面数据估计也都同时给出了有截距项和无截距项的回归结果,这样可以清晰地看到这两种模型所得到的结果存在着的差异。

从表 4.7 的回归结果可以看出,1992 年的预算内平均宏观税负竞争反应函数模型中,在有截距项的情况下,回归常数为 0.101,在 10% 水平上显著;税收竞争反应系数为 -0.317,是一个负值,结果不显著,且标准误差为 0.456,标准误差甚至大于税收竞争反应系数本身的绝对值;人均生产总值对预算内平均宏观税负的回归系数是一个负值,结果不显著;人均公共支出对预算内平均宏观税负的回归系数是正值,在10%水平上显著;R^2 为0.935,调整的 R^2 为0.896,拟合的效果较好。但是在没有截距项的情况下,运用同样的估计方法所得到的回归结果却存在很大的差异:税收竞争反应系数为0.679,是个正值,在1%水平上显著,且标准误差很小,只有0.06,这与有截距项的情况根本不同,经济学的意义也就南辕北辙了;人均生产总值和人均公共支出分别对预算内平均宏观税负回归系数的值的符号,与有截距项的情形是一致的,只是值的大小存在差异,且前者比后者的显著性水平要高得多;R^2 为0.753,调整的 R^2 为0.704,拟合的效果较好。

表4.7 中国一般预算内平均宏观税负截面数据的估计结果

	因变量:一般预算内平均宏观税负			
	1992 年		2006 年	
回归常数	0.101* (0.05)		0.055*** (0.004)	
加权的预算内平均宏观税负	−0.317 (0.456)	0.679*** (0.06)	0.035 (0.053)	0.733*** (0.032)
人均生产总值	−1.71E-05 (9.71E-06)	−2.02E-05** (6.95E-06)	−5.27E-07** (1.87E-07)	−9.91E-07*** (1.93E-07)
人均公共支出	0.000 3* (0.0001)	0.000 4*** (8.44E-05)	1.25E-05*** (1.01E-06)	1.53E-05*** (1.04E-06)
R^2	0.935	0.753	0.998	0.983
调整的 R^2	0.896	0.704	0.997	0.981
D. W 统计	2.31	1.64	1.69	1.14
观测值	27	27	29	29
回归方法	加权最小二乘估计法		加权最小二乘估计法	

注:括号中的数字是标准误差;***、**、* 分别表示在1%、5%和10%水平上显著。

再看2006年的截面数据估计结果。在有截距项的情形下,回归常数是

0.055,在 1％水平上显著;税收竞争反应系数为 0.035,是个正值,但结果不显著,且标准误差很大,达到 0.053;人均生产总值对预算内平均宏观税负的回归系数是负值,在 5％水平上显著;人均公共支出对预算内平均宏观税负的回归系数是正值,在 1％水平上显著;R^2 为 0.998,调整的 R^2 为 0.997,拟合的效果很好。而在没有截距项的情况下,税收竞争反应系数是 0.733,是个正值,在 1％水平上显著;人均生产总值与人均公共支出分别对预算内平均宏观税负回归系数值的符号,与有截距项的情形是一致的,且均在 1％水平上显著;R^2 为 0.983,调整的 R^2 为 0.981,拟合的效果很好。

4.4.3　预算外平均宏观税负截面数据的估计结果

从表 4.8 的回归结果可以看出,在 1992 年的预算外平均宏观税负竞争反应函数模型中,在有截距项的情况下,回归常数是 0.085,在 1％水平上显著;税收竞争反应系数为 −0.232,是个负值,结果不显著,且标准误差为 0.218;人均生产总值对预算外平均宏观税负的回归系数为负值,在 1％水平上显著;人均公共支出对预算外平均宏观税负的回归系数是正值,在 1％水平上显著;R^2 为 0.941,调整的 R^2 为 0.922,拟合的效果很好。而在没有截距项的情形中,税收竞争反应系数为 0.639,是个正值,在 1％水平上显著,且标准误差很小,只有 0.019;人均生产总值对预算外平均宏观税负的回归系数为负值,与有截距项的情形一致,但结果并不显著;人均公共支出对预算外平均宏观税负的回归系数与有截距项的情形一致,只是标准误差不同;R^2 为 0.994,调整的 R^2 为 0.993,拟合的效果很好。

2006 年的预算外平均宏观税负竞争模型中,在有截距项的情形下,回归常数是 0.018,在 5％水平上显著;税收竞争反应系数为 0.633,在 5％水平上显著,且标准误差为 0.232;人均生产总值对预算外平均宏观税负的回归系数为正值,结果不显著;人均公共支出对预算外平均宏观税负的回归系数为负值,在 1％水平上显著;R^2 为 0.959,调整的 R^2 为 0.943,拟合的效果很好;但是在有截距项的情形下,D.W 统计值达到了 4.13,远远偏离了正常轨道。而在没有截距项的情形中,税收竞争反应系数为 1.148,是个正值,在 1% 水平上显著,且标准误差很小,仅为 0.071;人均生产总值对预算外平均宏观税负的回归系数为正值,与有截距项的情形一致,且在 5% 水平上显著;人均公共支出对预算外平均宏观税负的回归系数为负值,与有截距项的情形一致,且在 10% 水平上显著;R^2 为 0.959,调整的 R^2 为 0.943,拟合的效果很好。

表 4.8   中国预算外平均宏观税负截面数据的估计结果

	因变量:预算外平均宏观税负			
	1992 年		2006 年	
回归常数	0.085 *** (0.016)		0.018 ** (0.006)	
加权的预算外平均宏观税负	−0.232 (0.218)	0.639 *** (0.019)	0.633 ** (0.232)	1.148 *** (0.071)
人均生产总值	−1.16E-05 *** (2.49E-06)	−1.13E-06 (2.61E-06)	1.14E-07 (7.35E-08)	3.59E-07 ** (1.29E-07)
人均公共支出	0.000 2 *** (3.15E-05)	0.000 2 *** (1.77E-05)	−2.40E-06 *** (4.81E-07)	−2.24E-06 * (1.10E-06)
R^2	0.941	0.994	0.959	0.958
调整的 R^2	0.922	0.993	0.943	0.948
D.W 统计	2.17	1.80	4.13	2.41
观测值	28	28	28	28
回归方法	加权最小二乘估计法		加权最小二乘估计法	

注:括号中的数字是标准误差;***、**、*分别表示在 1%、5% 和 10% 水平上显著。

4.4.4   预算内外收入之和平均宏观税负截面数据的估计结果

从表 4.9 的回归结果可以看出,在 1992 年的预算内外收入之和的平均宏观税负的竞争模型中,在有截距项的情形中,回归常数为 0.131,在 5% 水平上显著;税收竞争反应系数为 -0.005,是个负值,结果不显著,且标准误差非常大,达到 0.247;人均生产总值对预算内外平均宏观税负的回归系数为负值,在 5% 水平上显著;人均公共支出对预算内外平均宏观税负的回归系数为正值,在 1% 水平上显著;R^2 为 0.994,调整的 R^2 为 0.992,拟合的效果很好。而在没有截距项的情形中,税收竞争反应系数为 0.733,在 1% 水平上显著,且标准误差很小,仅为 0.025;人均生产总值对预算内外平均宏观税负的回归系数为负值,与有截距项的情形一致,且在 1% 水平上显著;人均公共支出对预算内外平均宏观税负的回归系数为正值,与有截距项的情形一致,且均在 1% 水平上显著;R^2 为 0.990,调整的 R^2 为 0.988,拟合的效果很好。

表 4.9　中国预算内外平均宏观税负截面数据的估计结果

	因变量:预算内外收入之和的平均宏观税负			
	1992 年		2006 年	
回归常数	0.131** (0.045)		0.093*** (0.025)	
加权的预算内外宏观税负	-0.005 (0.247)	0.733*** (0.025)	-0.033 (0.238)	0.808*** (0.023)
人均生产总值	$-2.28E\text{-}05$** (7.70E-06)	$-1.96E\text{-}05$*** (4.93E-06)	$-2.08E\text{-}07$ (3.30E-07)	$-1.04E\text{-}06$** (3.49E-07)
人均公共支出	0.000 5*** (5.47E-05)	0.000 4*** (5.35E-05)	9.26E-06*** (1.79E-06)	1.42E-05*** (1.96E-06)
R^2	0.994	0.990	0.969	0.994
调整的 R^2	0.992	0.988	0.960	0.993
D.W 统计	0.74	1.03	1.31	1.52
观测值	27	27	27	27
回归方法	加权最小二乘估计法		加权最小二乘估计法	

注:括号中的数字是标准误差;***、**、* 分别表示在 1%、5% 和 10% 水平上显著。

再看 2006 年的截面数据模型,在有截距项的情形中,回归常数为 0.093,在 1% 水平上显著;税收竞争反应系数为 -0.033,结果不显著,且标准误差非常大,达到 0.238;人均生产总值对预算内外平均宏观税负的回归系数为负值,结果不显著;人均公共支出对预算内外平均宏观税负的回归系数为正值,在 1% 水平上显著;R^2 为 0.969,调整的 R^2 为 0.960,拟合的效果很好。而在没有截距项的情形中,税收回归系数为 0.808,在 1% 水平上显著,且标准误差很小,仅为 0.023;人均生产总值对预算内外平均宏观税负的回归系数为负值,与有截距项的情形一致,且在 5% 水平上显著;人均公共支出对预算内外平均宏观税负的回归系数为正值,与有截距项的情形一致,且均在 1% 水平上显著;R^2 为 0.994,调整的 R^2 为 0.993,拟合的效果很好。

4.4.5　国内同类研究的估计结果

为了便于进行比较,下面把沈坤荣、付文林(2006)的估计结果也简要列出来。这里的平均宏观税负与本章的预算内平均宏观税负一致,和本章所做的工作稍有不同,沈坤荣、付文林(2006)采用了铁路距离、GDP 和 GDP 与铁路距离的比值三种权重,分别估计了平均宏观税负和平均预算外负担两种情况的税收竞争反应函数,而本章仅仅采用了铁路距离权重,但是考虑到了预算内平均宏观税负、预算外平均宏观税负和预算内外收入之和的平均宏观税负三种情况,当然,这对最终的结论并不会产生根本性的影响。

1. 1992 年省际税收竞争的策略性行为分析结果

从表 4.10 的回归结果可以看到,在三种权重矩阵中,1992 年平均宏观税负竞争模型的反应系数均为负值,在不同水平上显著;而 1992 年平均预算外负担的税收竞争反应系数,在铁路距离权重矩阵和 GDP 与铁路距离的混合权重矩阵中为正值,在 GDP 权重矩阵中为负值。R^2 偏小,最小的仅为 0.16,最大的为 0.77,拟合的效果不够理想。

表 4.10　1992 年省际税收竞争的策略性行为分析结果

自　变　量	因变量:平均宏观税负			因变量:平均预算外负担		
	$W^{1/D}$	W^{GDP}	$W^{GDP/D}$	$W^{1/D}$	W^{GDP}	$W^{GDP/D}$
回归常数	0.38[c] (0.21)	2.21[a] (0.31)	0.30 (0.19)	0.22[a] (0.08)	1.46[a] (0.25)	0.21[a] (0.08)
其他省加权税负	−2.87[b] (1.46)	−23.41[a] (3.17)	−2.45[c] (1.48)	0.03 (0.54)	−15.83[a] (3.01)	0.29 (0.75)
人均 GDP	0.001 (0.01)	0.01 (0.01)	0.006 (0.01)	−0.02[a] (0.01)	−0.005 (0.005)	−0.02[a] (0.01)
政府机关职工比重	1.60 (1.26)	−1.26[c] (0.73)	0.77 (1.22)	4.78[a] (0.72)	2.15[a] (0.62)	4.74[a] (0.69)
中小学在校生比重	0.17 (0.26)	0.09 (0.14)	−0.13 (0.26)	−0.23 (0.14)	−0.09 (0.10)	−0.24[c] (0.14)
R^2	0.19	0.68	0.16	0.66	0.77	0.66
观察值	28	30	28	28	30	28

注:括号中是标准差,上标 a 表示系数在 99% 水平上显著,b、c 分别代表 95% 和 90% 水平上显著。

2. 2003 年省际税收竞争的策略性行为分析结果

从表 4.11 的回归结果可以看出,在三种权重矩阵中,2003 年平均宏观税负竞争模型的税收竞争反应系数均为负值,在不同水平上显著;而 2003 年平均预算外负担竞争模型中的税收反应系数也均为负值,其中,以 GDP 为权重的税收反应系数结果显著,而其他两个均不显著。R^2 依然很小,最小的仅为 0.05,最大的为 0.79,拟合效果不太理想。

表 4.11　2003 年省际税收竞争的策略性行为分析结果

自　变　量	因变量:平均宏观税负			因变量:平均预算外负担		
	$W^{1/D}$	W^{GDP}	$W^{GDP/D}$	$W^{1/D}$	W^{GDP}	$W^{GDP/D}$
回归常数	0.11 (0.10)	1.45[a] (0.19)	0.15 (0.11)	0.07 (0.05)	0.51[a] (0.09)	0.05 (0.05)

自 变 量	因变量:平均宏观税负			因变量:平均预算外负担		
	$W^{1/D}$	W^{GDP}	$W^{GDP/D}$	$W^{1/D}$	W^{GDP}	$W^{GDP/D}$
其他省加权税负	-1.91^b (0.86)	-18.85^a (2.29)	-2.22^b (1.03)	-1.27 (1.00)	-15.15^a (2.59)	-0.52 (1.02)
人均GDP	0.01 (0.008)	0.002 (0.005)	0.01 (0.008)	-0.000 (0.003)	-0.001 (0.002)	-0.000 (0.003)
政府机关职工比重	2.35^c (1.36)	-0.34 (0.61)	1.66 (1.46)	0.46 (0.52)	-0.66^a (0.24)	-0.35 (0.58)
中小学在校生比重	-0.28^c (0.16)	-0.14 (0.10)	-0.30^c (0.16)	0.04 (0.06)	0.004 (0.04)	0.04 (0.06)
R^2	0.51	0.79	0.50	0.09	0.61	0.05
观察值	29	31	29	29	31	29

注:括号中是标准差,上标a表示系数在99%水平上显著,b、c分别代表95%和90%水平上显著。

3. 2003 年东部地区省际税收竞争的策略性行为分析结果

从表 4.12 的回归结果可以看出,在三种权重矩阵中,2003 年东部地区的平均宏观税负竞争模型的税收竞争反应系数均为负值,且结果非常显著;2003 年东部地区平均预算外负担的税收竞争反应系数也均为负值,仅以 GDP 与铁路距离为混合权重矩阵的税收竞争反应系数结果不显著,其他两个税收竞争反应系数的结果均非常显著。这里的 R^2 大大提高,虽然最低的也仅为 0.26,但是最高的为 0.96,还有两个为 0.94,一个为 0.88,拟合效果比较理想。

表 4.12 2003 年东部地区省际税收竞争的策略性行为分析结果

自 变 量	因变量:平均宏观税负			因变量:平均预算外负担		
	$W^{1/D}$	W^{GDP}	$W^{GDP/D}$	$W^{1/D}$	W^{GDP}	$W^{GDP/D}$
回归常数	-0.40^a (0.13)	0.53 (0.35)	-0.37^b (0.17)	-0.09 (0.07)	0.34^a (0.06)	-0.05 (0.09)
其他省加权税负	-1.16^a (0.25)	-6.67^a (1.82)	-1.63^a (0.50)	-3.73^a (1.14)	-7.42^a (0.92)	-2.50 (1.59)

续表

自　变　量	因变量:平均宏观税负			因变量:平均预算外负担		
	$W^{1/D}$	W^{GDP}	$W^{GDP/D}$	$W^{1/D}$	W^{GDP}	$W^{GDP/D}$
人均 GDP	0.05[a] (0.01)	0.01 (0.02)	0.06[a] (0.01)	0.02[a] (0.01)	−0.006[c] (0.003)	0.02[c] (0.01)
政府机关职工比重	3.87[a] (0.91)	2.82[b] (1.17)	2.68[b] (1.28)	−2.16[a] (0.79)	−0.04 (0.28)	−1.68 (1.14)
中小学在校生比重	0.13 (0.14)	−0.22 (0.20)	0.08 (0.18)	0.17 (0.09)	−0.08 (0.05)	0.11 (0.11)
R^2	0.96	0.94	0.94	0.55	0.88	0.26
观察值	10	11	10	10	11	10

注:括号中是标准差,上标 a 表示系数在 99% 水平上显著,b,c 分别代表 95% 和 90% 水平上显著。

4.5　本章小结

本章运用 1992 年和 2006 年的截面数据,采用加权最小二乘估计法,分别对预算内平均宏观税负竞争反应函数、预算外平均宏观税负竞争反应函数、预算内外平均宏观税负竞争反应函数进行了估计,并且给出了有截距项和无截距项两种情形的估计结果。写作这章的主要目的在于与沈坤荣、付文林(2006)的研究结论进行比较,因为本书最终的结论与他们的研究结果存在根本性的差异,所以本书虽然是以面板数据模型为主,但是写作本章也并非是画蛇添足之举,通过对两种研究结论进行比较,可以发现出现根本性差异的原因之所在,判断出究竟哪一种结论更为可靠。

在沈坤荣、付文林(2006)的结论中,除了以铁路距离和 GDP 与铁路距离的比值为权重的 1992 年的平均预算外负担竞争模型,其他所有的税收竞争反应系数均为负值,这与现实中各个地方政府的平均宏观税负竞相下调的事实不符,笔者也发现了他们在设定的模型和估计的模型中有不一致的地方,那就是前者无截距项,而后者有截距项。笔者参照了国际上同类研究的一些做法,基本上税收竞争反应函数模型的设定和估计中都是没有截距项的,再加上因变量和解释变量都是税率,都是相当小、与零接近的数值,所以笔者认为无截距项的模型估算出来的结果会更为可靠。为了对照进行验证,笔者在本章所有的回归中都将会给出有截距项和没有截距项两种情形的结果。

沈坤荣、付文林(2006)使用的是似然不相关回归分析方法,本章针对截面数据模型在消除残差的异方差上,采取的方法与他们不同,本章先对残差进行 White 检验,然后再进行加权最小二乘估计,从得到的结果来看,最终的拟合效果很好,解释力更强,远远优于沈坤荣、付文林(2006)在税收竞争反应函数模型中得到的回归结果。

根据前面所给出的估计结果,可以看到,在有截距项的情形下,本章 1992 年的所有模型得到的税收竞争反应系数均为负值,且结果均不显著,标准误差异常大,有的甚至超过了系数值本身,可信度很低;而 2006 年的模型得到的税收竞争反应系数有两个为正,一个为负,其中一个正的反应系数在 5‰水平上显著,另外两个反应系数不显著,同样的,它们的标准误差都很大,除了在 5‰水平上显著为正的税收竞争反应系数,其他两个税收竞争反应系数的标准误差都超过了系数值本身,可信度也比较低。再对照没有截距项的情形,无论是在 1992 年的所有模型中,还是在 2006 年的所有模型中,税收竞争反应系数均在 1‰水平上显著为正,且它们的标准误差都很小,可信度很高,应该说,这个结果跟现实情况是比较吻合的,即各地方政府为了吸引流动要素进入本辖区,促进当地的经济增长,纷纷采取了各种各样或明或暗的减税措施,它们进行税收竞争所采取的策略行为方向是一致的,而并非是沈坤荣、付文林(2006)研究结论中所说的差异化策略。另外,根据回归结果发现,在预算内平均宏观税负、预算外平均宏观税负、预算内外平均宏观税负三种竞争模型中,2006 年的截面数据得到的税收竞争反应系数均大于 1992

年的税收竞争反应系数,这说明进行分税制改革以后,中国各地方政府间的税收竞争越来越激烈。不过,无论在有截距项的模型中,还是在无截距项的模型中,虽然人均生产总值、人均公共支出分别对各平均宏观税负的回归系数值是不同的,但它们的符号却是一致的,这说明有无截距项对人均生产总值和人均公共支出的回归系数并无方向性的影响。

应该说,本书得到的研究结论与沈坤荣、付文林(2006)的研究结果是完全相反的,本书的关键性研究结论是无论是在分税制改革以前还是在分税制改革以后,各地方政府间的各种税收竞争反应系数为正,它们相互间采取的是同方向的税收竞争策略,在现实经济生活中就表现为各地方政府间通过竞相减税来吸引流动要素的进入;而沈坤荣、付文林(2006)的关键性研究结论为,无论在分税制改革以前还是在分税制改革以后,各种税收竞争反应系数基本上为负数,这意味着各地方政府间采取的是差异化的税收竞争策略,即当其他竞争性地方政府采取减税措施吸引各种流动要素的进入、促进当地的经济发展时,给定地方政府却反其道而行之,采取增税措施来促进当地经济的发展,反之亦然。

由于竞争是一个动态的过程,单看某一个年份的税收竞争情况,也许会有很大的偏误,所以截面数据模型的结论可能会有失偏颇,为了尽可能全面、准确地了解中国各地方政府间的税收竞争状况,本书将运用面板数据来对税收竞争反应函数进行估计,通常来说,面板数据模型得到的结论会更为可靠。下面两章运用面板数据,分别对中国各地方政府间和东、中、西部三大地区内的税收竞争反应函数进行估计,其结论将会更有力地支撑本章所得到的研究结果。

第 5 章
中国地方政府间税收竞争反应函数的面板估计

5.1　计量经济模型的构建和主要的计量问题

5.1.1　计量经济模型的构建

在上一章的截面数据模型中,包含了给定地方政府的平均宏观税负、其他竞争性地方政府加权的平均宏观税负、给定地方政府的人均生产总值和人均公共支出等几个变量,其中给定地方政府的平均宏观税负是因变量,其他竞争性地方政府加权的平均宏观税负是解释变量,给定地方政府的人均生产总值和人均公共支出是控制变量。在面板数据模型中依然包含了这几个变量,只不过面板数据模型同时包含了截面和时间因素。

本章使用面板数据集来估计税收竞争反应函数,以便对未被观察到的异质性进行控制,并且研究了税收竞争的动态。

地区 $i=1,\cdots,N$ 在时间 $t=1,\cdots,T$ 的税率用 r_{it} 来表示,这里 N 代表地区的数量,T 代表时期的数量。现在使用两个假定,即,假定 $\kappa=0$,用其他(邻近)地区因变量的平均权重来代替条件均值,地区 i 的税收竞争反应函数可以被写成:

$$r_{it} = \delta \sum_{j\neq i} W_k r_{jt} + Z'_{it}\theta + \varepsilon_{it}$$

这里,δ 是倾斜参数,Z'_{it} 是控制变量的向量,包括 i 地区的社会经济特征和公共支出水平等,$\theta's$ 作为参数,ε_{it} 是误差项。地区 i 的税率是它的竞争对手的税收设置的一个函数,由空间滞后项 $W_k r_{jt}$ 代表,这里 W_k 是一个 $N \times N$ 阶空间权重矩阵。因为税率被定义在[0,1]的范围之内,因此获得一个有限制的结果。基于上一章的基本假设 1 和基本假设 2,期望反应函数是正倾斜的。

5.1.2　主要的计量问题

无论是在截面数据模型还是在面板数据模型中,税收竞争反应函数的估计都会存在内生性和异方差性问题。为了解决内生性问题,这里依然采用了对各年份的解释变量截面数据进行加权的方法,而为了消除残差的异方差性和同步相关性,在对面板数据模型进行回归的时候采用了似然不相关回归分析方法(SUR)。同样地,在进行回归的时候,这里也同时给出了有截距项和没有截距项两种情形的结果,对照以后再进行取舍。

5.2　数据来源及其计算

5.2.1　数据来源

本章的原始数据覆盖了 1978—2006 年的 31 个省份,其中,1978—2004 年的大部分数据来源于《新中国五十五年统计资料汇编:1949—2004》,2005 年和 2006 年的数据分别来自 2006 年和 2007 年《中国统计年鉴》。另外,1987—2006 年的各省份预算外资金收入的数据来源于 1992 年、1995 年、1998 年和 2007 年《中国财政年鉴》,而 1978—1986 年的中国各省份预算外收入数据由于笔者所掌握的资料有限,未能补全,所以,预算外收入占当期生产总值的比重和预算内外收入之和占当期生产总值的比重这两个面板数据的时间序列都只涉及 1987—2006 年。全文主要搜集的原始数据有 31 个省份 1978—2006 年的生产总值、一般预算收入、一般预算支出、人口状况、地区生产总值指数、人均地区生产总值、商品零售价格指数,1987—2006 年的预算外收入。另外,跟截面数据模型一样,为了计算权重矩阵,还需要各省会城市之间的铁路距离,该数据来源于 1994 年版的《中国交通营运里程图》。

5.2.2 模型中变量数据的计算

模型中的变量数据全部由笔者根据收集到的原始数据计算而得,主要包括 1978—2006 年 31 个省份的预算内平均宏观税负、铁路距离权重、加权的预算内平均宏观税负、以 1978 年不变价格表示的人均生产总值和人均公共支出,1987—2006 年的预算外平均宏观税负、预算内外收入之和的平均宏观税负、加权的预算外平均宏观税负和预算内外收入之和的平均宏观税负。

1. 各省的平均宏观税负

各省的平均宏观税负主要包括 1978—2006 年的预算内平均宏观税负、1987—2006 年的预算外平均宏观税负和预算内外平均宏观税负。1978—2006 年各省的预算内平均宏观税负分别为各自的一般预算收入与其当期生产总值的比重(见附录 C);1987—2006 年各省的预算外平均宏观税负分别为各自的预算外收入与其当期生产总值的比重(见附录 D);1987—2006 年各省的预算内外平均宏观税负分别为各自的预算内收入和预算外收入之和与其当期生产总值的比重(见附录 E)。

2. 铁路距离权重

铁路距离权重的计算公式在截面数据模型中已经详细介绍过,只不过在截面数据模型中只需要计算 1992 年和 2006 年的权重,而在面板数据模型中,则需要计算 1978—2006 年 29 个省份的铁路距离权重(不包括西藏和海南)、1987—2006 年 28 个省份的铁路距离权重(不包括西藏、海南和重庆)、1987—2006 年 27 个省份的铁路距离权重(不包括西藏、海南、重庆和福建)。

3. 加权的平均宏观税负

加权的平均宏观税负就是本章的解释变量,指在给定一个特定省份的情况下,根据铁路距离权重加权计算出来的其他各竞争省份的平均宏观税负之和,包括 1978—2006 年加权的预算内平均宏观税负(见附录 F)、1987—2006 年加权的预算外平均宏观税负(见附录 G)和加权的预算内外平均宏观税负(见附录 H)。

4. 以 1978 年不变价格表示的人均生产总值

为了使 1978—2006 年各省份的人均生产总值具有可比性,必须将它们按照某一年的不变价格来进行换算。为计算方便,这里选定的年份为 1978 年。先将各省份以当年价格表示的生产总值根据生产总值指数(上年 = 100)换算成以 1978 年不变价格表示的生产总值,然后再将以 1978 年不变价格表示的生产总值除以当年的常住总人口,便得到了以 1978 年不变价格表示的人均生产总值(见附录 I)。

5. 以 1978 年不变价格表示的人均公共支出

以 1978 年不变价格来表示人均公共支出的目的也是为了使各省 1978—2006 年的人均公共支出具有可比性。与人均生产总值的换算有些不同,人均公共支出没有给出增长指数,所以必须借助价格指数来进行换算。可供选择的价格指数主要有居民消费价格指数和商品零售价格指数,由于各省份 1978—2006 年的居民消费价格指数都存在不同程度的缺失,因此,本章选择数据齐全的商品零售价格指数来进行换算。先将 1978—2006 年各省的商品零售价格指数(上年 = 100)换算成以 1978 年不变价格表示的商品零售价格指数(见附录 N),再将各省市 1978—2006 年的一般预算支出除以当年的常住总人口,然后根据以 1978 年不变价格表示的商品零售价格指数,将人均公共支出换算成以 1978 年不变价格表示的人均公共支出(见附录 J)。

5.3　数据的描述性统计

本章主要对中国 31 个地方政府的税收竞争反应函数进行估计。由于中国在 1994 年进行了分税制改革,为了对比分税制改革前后的税收竞争情况,本章在考察了 1978—2006 年中国 31 个地方政府税收竞争的基础之上,又对 1978—1992

年和 1994—2006 年的税收竞争反应函数作了回归,以期发现分税制改革前后税收竞争的特征和强度有何差异。从一般预算收入统计来看,1993 年是一个异常的年份,因为各地方政府为了在今后享有更大的税收收入份额,在这一年加大了税收征收力度,导致该年的税收收入增长情况异常,所以本章以 1993 年为界,对比分税制改革前后的税收竞争状况。在做数据的描述性统计的时候,也以 1993 年为界,分阶段进行描述。

5.3.1 1978—2006 年中国各地方政府预算内平均宏观税负数据的描述性统计

1. 全国总体的预算内平均宏观税负数据的描述性统计

根据表 5.1 可以看到,1978—2006 年预算内平均宏观税负的均值是 0.11,中位数是 0.09,最大值是 0.62,最小值是 0.03,标准误差是 0.075;加权的预算内平均宏观税负的均值是 0.11,中位数是 0.098,最大值是 0.456,最小值是 0.036,标准误差是 0.062;人均生产总值的均值是 1 941,中位数是 1 100,最大值是 23 769,最小值是 174,标准误差是 2 606;人均公共支出的均值是 214,中位数是 133,最大值是 2 726,最小值是 29,标准误差是 269。

表 5.1　中国 1978—2006 年预算内平均宏观税负数据的描述性统计

	预算内平均宏观税负	加权的预算内平均宏观税负	人均生产总值	人均公共支出
均　值	0.110	0.112	1 941	214
中位数	0.090	0.098	1 100	133
最大值	0.620	0.456	23 769	2 726
最小值	0.030	0.036	174	29
标准误差	0.075	0.062	2 606	269
偏　度	3.000	1.997	4.169	4.648
峰　度	15.106	8.031	26.410	34.249
观测值	754	754	754	754

2. 分税制改革前预算内平均宏观税负数据的描述性统计

根据表 5.2 给出的结果,可以很直观地看到,1978—1992 年预算内平均宏观税负的均值是 0.147,中位数是 0.12,最大值是 0.62,最小值是 0.03,标准误差是 0.087;加权的预算内平均宏观税负的均值是 0.15,中位数是 0.13,最大值是 0.456,最小值是 0.077,标准误差是 0.064;人均生产总值的均值是 848,中位数是 606,最大值是 6 161,最小值是 174,标准误差是 823;人均公共支出的均值是 104, 中位数是 80,最大值是 345,最小值是 29,标准差是 64。

表 5.2　中国 1978—1992 年预算内平均宏观税负数据的描述性统计

	预算内平均宏观税负	加权的预算内平均宏观税负	人均生产总值	人均公共支出
均　值	0.147	0.151	848	104
中位数	0.120	0.129	606	80
最大值	0.620	0.456	6 161	345
最小值	0.030	0.077	174	29
标准误差	0.087	0.064	823	64
偏　度	2.568	1.860	3.236	1.315
峰　度	10.871	6.767	15.507	4.138
观测值	390	390	390	390

3. 分税制改革后预算内平均宏观税负数据的描述性统计

根据表 5.3 给出的结果,可以很直观地看到,1994—2006 年预算内平均宏观税负的均值是 0.067,中位数是 0.06,最大值是 0.16,最小值是 0.03,标准误差是 0.02;加权的预算内平均宏观税负的均值是 0.068,中位数是 0.067,最大值是 0.12,最小值是 0.036,标准误差是 0.013;人均生产总值的均值是 3 291,中位数是 2 213,最大值是 23 769,最小值是 547,标准误差是 3 338;人均公共支出的均值是 331,中位数是 233,最大值是 2 726,最小值是 51,标准差是 350。

表 5.3 中国 1994—2006 年预算内平均宏观税负数据的描述性统计

	预算内平均 宏观税负	加权的预算内 平均宏观税负	人均生产总值	人均公共支出
均 值	0.067	0.068	3 291	331
中位数	0.060	0.067	2 213	233
最大值	0.160	0.123	23 769	2 726
最小值	0.030	0.036	547	51
标准误差	0.021	0.013	3 338	350
偏 度	1.492	1.171	3.208	3.664
峰 度	6.078	5.877	15.691	21.015
观测值	338	338	338	338

5.3.2 1987—2006 年中国各地方政府预算外平均宏观税负数据的描述性统计

1. 全国总体的预算外平均宏观税负数据的描述性统计

根据表 5.4 给出的结果，可以很直观地看到，1987—2006 年预算外平均宏观税负的均值是 0.055，中位数是 0.04，最大值是 0.18，最小值是 0.013，标准误差

表 5.4 中国 1987—2006 年预算外平均宏观税负数据的描述性统计

	预算外平均 宏观税负	加权的预算外 平均宏观税负	人均生产总值	人均公共支出
均 值	0.055	0.056	2 470	262
中位数	0.0412	0.039	1 544	163
最大值	0.183	0.154	23 769	2 726
最小值	0.013	0.017	369	49
标准误差	0.035	0.034	2 850	298
偏 度	1.347	0.998	3.787	4.182
峰 度	4.227	2.562	21.828	27.926
观测值	560	560	560	560

是 0.035;加权的预算外平均宏观税负的均值是 0.056,中位数是 0.039,最大值是 0.15,最小值是 0.017,标准误差是 0.034;人均生产总值的均值是 2 470,中位数是 1 544,最大值是 23 769,最小值是 369,标准误差是 2 850;人均公共支出的均值是 262,中位数是 163,最大值是 2 726,最小值是 49,标准误差是 298。

2. 分税制改革前预算外平均宏观税负数据的描述性统计

根据表 5.5 给出的结果,可以很直观地看到,1987—1992 年预算外平均宏观税负的均值是 0.10,中位数是 0.09,最大值是 0.18,最小值是 0.06,标准误差是 0.029;加权的预算外平均宏观税负的均值是 0.11,中位数是 0.103,最大值是 0.15,最小值是 0.08,标准误差是 0.016;人均生产总值的均值是 1 103,中位数是 795,最大值是 6 161,最小值是 369,标准误差是 952;人均公共支出的均值是 117,中位数是 91,最大值是 304,最小值是 52,标准误差是 61。

表 5.5　中国 1987—1992 年预算外平均宏观税负数据的描述性统计

	预算外平均 宏观税负	加权的预算外 平均宏观税负	人均生产总值	人均公共支出
均　　值	0.101	0.105	1 103	117
中位数	0.094	0.103	795	91
最大值	0.183	0.154	6 161	304
最小值	0.060	0.080	369	52
标准误差	0.029	0.016	952	61
偏　　度	0.858	0.762	3.119	1.280
峰　　度	3.237	3.060	13.456	3.796
观测值	168	168	168	168

3. 分税制改革后预算外平均宏观税负数据的描述性统计

根据表 5.6 给出的结果,可以很直观地看到,1993—2006 年预算外平均宏观税负的均值是 0.036,中位数是 0.035,最大值是 0.082,最小值是 0.013,标准误差是 0.011;加权的预算外平均宏观税负的均值是 0.036,中位数是 0.036,最大值是 0.066,最小值是 0.017,标准误差是 0.008;人均生产总值的均值是 3 055,中位数是 2 042,最大值是 23 769,最小值是 511,标准误差是 3 175;人均公共支出的均值是 324,中位数是 223,最大值是 2 726,最小值是 49,标准误差是 335。

表 5.6　中国 1993—2006 年预算外平均宏观税负数据的描述性统计

	预算外平均 宏观税负	加权的预算外 平均宏观税负	人均生产总值	人均公共支出
均　值	0.036	0.036	3 055	324
中位数	0.035	0.036	2 042	223
最大值	0.082	0.066	23 769	2 726
最小值	0.013	0.017	511	49
标准误差	0.011	0.008	3 175	335
偏　度	0.619	0.274	3.405	3.684
峰　度	3.554	3.387	17.516	21.943
观测值	392	392	392	392

5.3.3　1987—2006 年中国各地方政府预算内外平均宏观税负数据的描述性统计

1. 全国总体的预算内外平均宏观税负数据的描述性统计

根据表 5.7 给出的结果,可以很直观地看到,1987—2006 年预算内外平均宏观税负的均值是 0.139,中位数是 0.115,最大值是 0.487,最小值是 0.059,标准

表 5.7　中国 1987—2006 年预算内外平均宏观税负数据的描述性统计

	预算内外平均 宏观税负	加权的预算内外 平均宏观税负	人均生产总值	人均公共支出
均　值	0.139	0.142	2 473	264
中位数	0.115	0.109	1 530	164
最大值	0.487	0.383	23 769	2 726
最小值	0.059	0.078	369	49
标准误差	0.065	0.059	2 890	302
偏　度	1.617	1.089	3.764	4.134
峰　度	6.233	3.138	21.413	27.224
观测值	540	540	540	540

误差是 0.065;加权的预算内外平均宏观税负的均值是 0.142,中位数是 0.109,最大值是 0.383,最小值是 0.078,标准误差是 0.059;人均生产总值的均值是 2 473,中位数是 1 530,最大值是 23 769,最小值是 369,标准误差是 2 890;人均公共支出的均值是 264,中位数是 164,最大值是 2 726,最小值是 49,标准误差是 302。

2. 分税制改革前预算内外平均宏观税负数据的描述性统计

根据表 5.8 给出的结果,可以很直观地看到,1987—1992 年预算内外平均宏观税负的均值是 0.216,中位数是 0.208,最大值是 0.487,最小值是 0.124,标准误差是 0.061;加权的预算内外平均宏观税负的均值是 0.225,中位数是 0.22,最大值是 0.383,最小值是 0.17,标准误差是 0.033;人均生产总值的均值是 1 113,中位数是 795,最大值是 6 161,最小值是 369,标准误差是 967;人均公共支出的均值是 118,中位数是 91,最大值是 304,最小值是 52,标准误差是 62。

表5.8 中国1987—1992年预算内外平均宏观税负数据的描述性统计

	预算内外平均 宏观税负	加权的预算内外 平均宏观税负	人均生产总值	人均公共支出
均 值	0.216	0.225	1 113	118
中位数	0.208	0.220	795	91
最大值	0.487	0.383	6 161	304
最小值	0.124	0.170	369	52
标准误差	0.061	0.033	967	62
偏 度	1.457	1.510	3.050	1.230
峰 度	5.946	6.808	12.948	3.635
观测值	162	162	162	162

3. 分税制改革后预算内外平均宏观税负数据的描述性统计

根据表 5.9 给出的结果,可以很直观地看到,1994—2006 年预算内外平均宏观税负的均值是 0.103,中位数是 0.099,最大值是 0.209,最小值是 0.059,标准误差是 0.025;加权的预算内外平均宏观税负的均值是 0.104,中位数是 0.102,最大值是 0.17,最小值是 0.078,标准误差是 0.013;人均生产总值的均值是 3 174,

中位数是 2 102,最大值是 23 769,最小值是 547,标准误差是 3 298;人均公共支出的均值是 341,中位数是 237,最大值是 2726,最小值是 51,标准误差是 348。

表 5.9　中国 1994—2006 年预算内外平均宏观税负数据的描述性统计

	预算内外平均 宏观税负	加权的预算内外 平均宏观税负	人均生产总值	人均公共支出
均　值	0.103	0.104	3 174	341
中位数	0.099	0.102	2 101	237
最大值	0.209	0.170	23 769	2 726
最小值	0.059	0.078	547	51
标准误差	0.025	0.013	3 298	348
偏　度	1.368	1.947	3.298	3.540
峰　度	5.870	8.758	16.321	20.325
观测值	351	351	351	351

5.4　估计结果

跟截面数据模型一样,这里也给出了有截距项和无截距项两种情形的回归结果,当然,笔者仍然认为无截距项的模型得到的结论更为可靠。

5.4.1　中国各地方政府间预算内平均宏观税负竞争的回归结果

根据表 5.10 给出的回归结果可以看出,在有截距项的情形下,1978—2006 年的预算内平均宏观税负竞争模型的回归常数为 0.059,在 1% 水平上显著;税收竞争反应系数是一个正值,为 0.632,在 1% 水平上显著,且标准误差很小,仅为 0.004;人均生产总值对预算内平均宏观税负的回归系数为负值,在 1% 水平上显著;

表5.10 中国各地方政府间预算内平均法观税负竞争的回归结果

自变量	因变量:预算内平均宏观税负			
	1978—2006 年	1978—1992 年	1994—2006 年	
回归常数	0.059*** (0.000 7)	−0.002 (0.009 9)	0.072*** (0.006 5)	
加权预算内平均宏观税负	0.632*** (0.004)	0.780*** (0.05)	−0.277*** (0.094)	0.815*** (0.04)
人均生产总值	−2.49E-05*** (4.39E-07)	2.55E-05*** (4.79E-06)	−2.95E-08 (7.23E-07)	7.48E-07 (8.05E-07)
人均公共支出	0.0001*** (2.91E-06)	0.0001*** (2.44E-05)	3.99E-05*** (6.03E-06)	1.79E-05*** (5.89E-06)
R^2	0.998	0.756	0.782	0.646
调整的 R^2	0.998	0.754	0.773	0.644
D. W 统计	2.04	1.99	2.03	2.02
观测值	754	390	377	377
截面数	26	26	29	29
回归方法	Panel EGLS (Cross-section SUR), Cross-section fixed	Panel EGLS (Period SUR)	Panel EGLS(Period SUR), period fixed	

注:括号中的数字是标准误差;***、**、*分别表示在 1%、5%和10%水平上显著。

人均公共支出对预算内平均宏观税负的回归系数为一正值,在1‰水平上显著;R^2 和调整的 R^2 均为 0.998,这说明拟合效果非常好。而在没有截距项的情形下,1978—2006 年的预算内平均宏观税负竞争模型的税收竞争反应系数为 0.887,是一个正值,在1‰水平上显著,且标准误差很小,仅为 0.001;人均生产总值对预算内平均宏观税负的回归系数是个正值,在1‰水平上显著;人均公共支出对预算内平均宏观税负的回归系数是个负值,在1‰水平上显著;R^2 和调整的 R^2 均为 0.999,这说明拟合效果非常好。

1978—1992 年预算内平均宏观税负竞争模型中,在有截距项的情形下,回归常数为 −0.002,结果不显著;税收竞争反应系数为 0.780,是个正值,在1‰水平上显著,且标准误差很小,仅为 0.05;人均生产总值和人均公共支出对预算内平均宏观税负的反应系数均为正值,且都在1‰水平上显著;R^2 是 0.756,调整的 R^2 是 0.754,说明模型的拟合效果一般。而在没有截距项的情形中,税收竞争反应系数为 0.768,在1‰水平上显著,且标准误差很小,仅为 0.036;人均生产总值和人均公共支出分别对预算内平均宏观税负的回归系数也均为正值,且都在1‰水平上显著;R^2 是 0.757,调整的 R^2 是 0.756,说明模型的拟合效果一般。

1994—2006 年的预算内平均宏观税负竞争模型中,在有截距项的情形下,回归常数为 0.072,在1‰水平上显著;税收竞争反应系数为 −0.277,是一个负值,在1‰水平上显著,且标准误差较小,为 0.094;人均生产总值对预算内平均宏观税负的回归系数为负,结果不显著;人均公共支出对预算内平均宏观税负的回归系数显著为正;R^2 是 0.782,调整的 R^2 是 0.773,说明模型的拟合效果一般。而在没有截距项的情形下,税收竞争反应系数是 0.815,在1‰水平上显著,且标准误差很小,仅为 0.04;人均生产总值对预算内平均宏观税负的回归系数是个正值,结果不显著;人均公共支出对预算内平均宏观税负的回归系数是个正值,在1‰水平上显著;R^2 是 0.646,调整的 R^2 是 0.644,说明模型的拟合效果不是很好。

从总体上来看,无论模型设置中有无截距项,税收竞争反应系数均非零,都为正值,所以在中国各地方政府间存在预算内平均宏观税负的竞争是确信无疑的,且它们采取的策略行为是一致的,即都具体表现为通过减税来吸引流动要素的进入。在分税制改革以前,无论模型设置中有无截距项,税收竞争反应系数也都为正值;而在分税制改革以后,在有截距项的情形下,税收竞争反应系数为负值,而在无截距项的情形中,税收反应系数为正值,本章采纳后一种结果,理由前面已详细交待过。税收竞争反应系数在分税制改革以后要大于分税制改革以前,这说明分税制改革以后,各地方政府间的预算内平均宏观税负竞争日益激烈。

5.4.2 中国各地方政府间预算外平均宏观税负竞争的回归结果

由于预算外收入在各地方政府的财政收入中占到了相当大的比例,为了全面考察中国的横向税收竞争状况,就不能不对预算外平均宏观税负数据作回归。但是由于资料有限,各地方政府预算外资金收入数据的时间序列只能是1987—2006 年,1978—1986 年的数据缺失,这在做回归的时候可能会有一些影响,譬如由于时间序列过短,对分税制改革前的数据只能做时期似然不相关回归。

从表 5.11 的回归结果可以看到,在有截距项的情形下,1987—2006 年的预算外平均宏观税负竞争的回归常数为 0.002,在 1％水平上显著;税收竞争反应系数为 0.966,是个正值,在 1％水平上显著,且标准误差很小,仅为 0.025;人均生产总值对预算外平均宏观税负的回归系数为正值,在 5％水平上显著;人均公共支出对预算外平均宏观税负的回归系数为负值,在 1％水平上显著;R^2 是 0.879,调整的 R^2 是 0.878,说明模型的拟合效果较好。而在没有截距项的情形下,税收竞争反应系数为 0.99,是个正值,在 1％水平上显著,且标准误差很小,仅为 0.016;人均生产总值对预算外平均宏观税负的回归系数是个正值,在 5％水平上显著;人均公共支出对预算外平均宏观税负的回归系数是个负值,在 5％水平上显著;R^2 和调整的 R^2 都是 0.877,说明模型的拟合效果较好。

表5.11 中国各地方政府间预算外平均宏观税负竞争的回归结果

因变量：预算外平均宏观税负

自变量	1987—2006 年		1987—1992 年		1993—2006 年	
回归常数	0.002**		0.046***		0.021***	
	(0.001)		(0.012)		(0.003)	
加末预算外平均宏观税负	0.966***	0.99***	0.228**	0.661***	0.447***	0.976***
	(0.025)	(0.016)	(0.107)	(0.048)	(0.076)	(0.03)
人均生产总值	5.75E-07**	6.21E-07**	-6.16E-06**	-2.44E-06	1.21E-06***	7.32E-07*
	(2.68E-07)	(2.57E-07)	(3.10E-06)	(3.10E-06)	(4.50E-07)	(4.22E-07)
人均公共支出	-7.02E-06***	-4.75E-06**	0.000 3***	0.000 3***	-1.77E-05***	-6.03E-06*
	(2.11E-06)	(2.07E-06)	(4.11E-05)	(4.34E-05)	(3.68E-06)	(3.33E-06)
R^2	0.879	0.877	0.847	0.846	0.785	0.762
调整的 R^2	0.878	0.877	0.844	0.844	0.784	0.761
D. W 统计	2.00	2.00	1.98	2.00	2.03	2.02
观测值	560	560	168	168	392	392
截面数	28	28	28	28	28	28
回归方法	Panel EGLS(Period SUR)		Panel EGLS(Period SUR)		Panel EGLS(Period SUR)	

注：括号中的数字是标准误差；***、**、* 分别表示在 1%，5% 和 10% 水平上显著。

再看分税制改革前后预算外平均宏观税负竞争的对比情况。

1987—1992 年的预算外平均宏观税负竞争模型中,在有截距项的情形下,回归常数是 0.046,在 1% 水平上显著;税收竞争反应系数是 0.228,是个正值,在 5% 水平上显著,但标准误差较大,为 0.107;人均生产总值对预算外平均宏观税负的回归系数为负值,在 5% 水平上显著;人均公共支出对预算外平均宏观税负的回归系数为正值,在 1% 水平上显著;R^2 是 0.847,调整的 R^2 是 0.844,说明模型的拟合效果较好。而在没有截距项的情形下,税收竞争反应系数是 0.661,是个正值,在 1% 水平上显著,且标准误差较小,为 0.048;人均生产总值对预算外平均宏观税负的回归系数是个负值,结果不显著;人均公共支出对预算外平均宏观税负的回归系数是个正值,在 1% 水平上显著;R^2 是 0.846,调整的 R^2 是 0.844,说明模型的拟合效果较好。

1993—2006 年的预算外平均宏观税负竞争模型中,在有截距项的情形下,回归常数为 0.021,在 1% 水平上显著;税收竞争反应系数为 0.447,在 1% 水平上显著,且标准误差很小,仅为 0.076;人均生产总值对预算外平均宏观税负的回归系数在 1% 水平上显著为正;人均公共支出对预算外平均宏观税负的回归系数在 1% 水平上显著为负;R^2 是 0.785,调整的 R^2 是 0.784,模型的拟合效果一般。而在没有截距项的情形中,税收竞争反应系数为 0.976,是个正值,在 1% 水平上显著,且标准误差很小,仅为 0.03;人均生产总值对预算外平均宏观税负的回归系数在 10% 水平上显著为正;人均公共支出对预算外平均宏观税负的回归系数在 10% 水平上显著为负;R^2 是 0.762,调整的 R^2 是 0.761,模型的拟合效果一般。

在预算外平均宏观税负竞争中,无论模型的设置中有无截距项,所有的税收竞争反应系数均显著为正,说明各地方政府间的预算外平均宏观税负竞争是同方向的。另外,分税制改革后的预算外平均宏观税负竞争反应系数大于分税制改革前,这说明 1994 年分税制改革以后,各地方政府间展开了更加激烈的预算外收入竞争。

5.4.3 中国各地方政府间预算内外收入之和的平均宏观税负竞争回归结果

这里将各地方政府的预算内收入和预算外收入加总起来,比上其当期生产总值,求得预算内外收入之和的平均宏观税负。对预算内外收入之和的平均宏观税负进行回归,可以更全面地了解中国各地方政府间的税收竞争状况,因为从前面的分析可以看到,中国各地方政府间无论在一般预算收入上,还是在预算外收入上都是显著存在税收竞争行为的。那么,将这两者合并起来以后,税收竞争会是一个什么样的情形呢?

从表 5.12 的回归结果可以看到,1987—2006 年的预算内外平均宏观税负竞争模型中,在有截距项的情形下,回归常数是 0.002,结果不显著;税收竞争反应系数是 0.997,在 1% 水平上显著为正,且标准误差很小,仅为 0.024;人均生产总值对预算内外平均宏观税负的回归系数为正,在 10% 水平上显著;人均公共支出对预算内外平均宏观税负的回归系数为负,结果不显著;R^2 是 0.834,调整的 R^2 是 0.833,说明模型的拟合效果较好。而在没有截距项的情形下,税收竞争反应系数是 0.987,在 1% 水平上显著为正,且标准误差很小,仅为 0.018;人均生产总值对预算内外平均宏观税负的回归系数为正值,在 5% 水平上显著;人均公共支出对预算内外收入之和的回归系数为负值,结果不显著;R^2 和调整的 R^2 均为 0.827,说明模型的拟合效果较好。

再对比 1994 年分税制改革前后的情形。

1987—1992 年的预算内外平均宏观税负竞争模型中,在有截距项的情形下,回归常数是 0.081,在 5% 水平上显著;税收竞争反应系数是 0.312,在 1% 水平上显著为正,但是标准误差较大,达到 0.112;人均生产总值对预算内外平均宏观税负的回归系数为负,结果不显著;人均公共支出对预算内外平均宏观税负的回归系数在 1% 水平上显著为正;R^2 是 0.646,调整的 R^2 是 0.639,说明模型的拟合效果不是很好。而在没有截距项的情形下,税收竞争反应系数是 0.694,在 1% 水平上显著为正,

表 5.12　中国各地方政府间预算内外平均宏观税负竞争的回归结果

因变量:预算内外收入之和的平均宏观税负

自变量	1987—2006 年		1987—1992 年		1994—2006 年	
回归常数	0.002 (0.003)		0.081** (0.026)		0.082*** (0.01)	
加权的预算内外平均宏观税负	0.977*** (0.024)	0.987*** (0.018)	0.312*** (0.112)	0.694*** (0.046)	0.121 (0.102)	0.944*** (0.025)
人均生产总值	1.22E-06* (7.03E-07)	1.39E-06** (7.56E-07)	−1.21E-06 (6.33E-06)	2.36E-06 (6.39E-06)	1.36E-06 (1.05E-06)	1.80E-07 (1.11E-06)
人均公共支出	−7.13E-07 (4.50E-06)	−1.14E-06 (4.31E-06)	0.000 6*** (9.38E-05)	0.000 5*** (9.61E-05)	1.08E-05* (6.66E-06)	1.21E-05* (7.25E-06)
R^2	0.834	0.827	0.646	0.667	0.868	0.819
调整的 R^2	0.833	0.827	0.639	0.663	0.867	0.818
D. W 统计	2.01	2.01	1.93	1.99	1.98	2.06
观测值	540	540	162	162	351	351
截面数	27	27	27	27	27	27
回归方法	Panel EGLS(Period SUR)		Panel EGLS(Period SUR)		Panel EGLS(Period SUR)	

注:括号中的数字是标准误差;***、**、* 分别表示 1%、5% 和 10% 水平上显著。

且标准误差较小,仅为 0.046;人均生产总值对预算内外平均宏观税负的回归系数为正,结果不显著;人均公共支出对预算内外平均宏观税负的回归系数在 1% 水平上显著为正;R^2 是 0.667,调整的 R^2 是 0.663,说明模型的拟合效果不是很好。

1994—2006 年预算内外平均宏观税负竞争模型中,在有截距项的情形下,回归常数是 0.082,在 1% 水平上显著;税收竞争反应系数是 0.121,结果不显著,且标准误差非常大,达到 0.102;人均生产总值和人均公共支出分别对预算内外平均宏观税负的回归系数均为正,前者结果不显著,后者结果在 10% 水平上显著;R^2 是 0.868,调整的 R^2 是 0.867,说明模型的拟合效果较好。而在没有截距项的情形下,税收竞争反应系数是 0.944,在 1% 水平上显著为正,且标准误差很小,仅为 0.025;人均生产总值和人均公共支出分别对预算内外平均宏观税负的回归系数均为正值,前者结果不显著,后者结果在 10% 水平上显著;R^2 是 0.819,调整的 R^2 是 0.818,说明模型的拟合效果较好。

无论有无截距项,在预算内外平均宏观税负竞争中,所有的税收竞争反应系数均为正值,这说明各地方政府间的预算内外平均宏观税负竞争一定采取的是同方向的策略性行为。由于笔者更采信没有截距项的回归结果,因此分税制改革以后较之分税制改革以前,税收竞争反应系数更大,这说明分税制改革以后税收竞争的激烈程度更高。

5.5　本章小结

本章利用似然不相关回归分析方法,分别对预算内平均宏观税负、预算外平均宏观税负和预算内外收入之和的平均宏观税负作了回归,并且还以 1994 年分税制改革为界,分阶段对它们分别作了回归,得到了税收竞争反应系数,从中发现了各地方政府间税收竞争的一些规律。

从整体面板数据回归来看,无论是对 1978—2006 年预算内平均宏观税负的回归,还是对 1987—2006 年预算外平均宏观税负和预算内外收入之和的平均宏观税负的回归,无论模型的设置中有无截距项,所得到的税收竞争反应系数基本上显著为正,这说明在中国各地方政府间确实存在着税收竞争,这种交互作用是同方向的。

1994 年的分税制改革是我国税制建设中的一个重要里程碑,也是新中国成立以来规模最大、范围最广、影响最深远的一次改革。这次改革以后中国建立了国税和地税两套税收体系,中央和各级地方政府分别享有自己的财权和事权,但是税收立法权依然掌握在中央政府手中,地方政府的财政收入和支出权力并没有相应的法律来进行保障,所以说这是一次并不彻底的分税制改革。但是,不管怎么样,毕竟各级地方政府拥有了自己相对独立的财税收支权,这种明朗化的相对独立的经济利益促使它们相互之间进一步展开一系列的竞争。本章以 1993 年为界,对分税制改革前后的预算内平均宏观税负竞争、预算外平均宏观税负竞争和预算内外收入之和的平均宏观税负竞争作了回归,结果发现,除了在有截距项的情形下 1994—2006 年的预算内平均宏观税负竞争的反应系数显著为负外,其他所有反应系数,无论模型设置中有无截距项,均为正值,且基本显著。由于本章采信的是没有截距项的情形,因此在总结的时候,只考虑这一种情况。就预算内平均宏观税负竞争来说,分税制改革以后的税收竞争反应系数大于分税制改革以前,因此税收竞争在分税制改革以后越来越激烈。

再看分税制改革前后预算外平均宏观税负和预算内外收入之和的平均宏观税负竞争的对比情况。第一,无论是预算外平均宏观税负,还是预算内外收入之和的平均宏观税负,无论是分税制改革前,还是分税制改革后,回归结果中得到的税收竞争反应系数均为正值。第二,就预算外平均宏观税负和预算内外平均宏观税负的反应系数来说,分税制改革以后大于分税制改革以前,这说明在分税制改革以后,各地方政府间无论是就预算外平均宏观税负的竞争,还是就预算内外平均宏观税负的竞争都愈益激烈。

模型中还有两个非常重要的控制变量,给定地方政府的人均生产总值和人均公共支出,它们都在一定程度上影响了给定地方政府的平均宏观税负水平。从回归结果来看,在预算内平均宏观税负竞争的回归模型中,1978—2006 年、1978—

1992年、1994—2006年三个面板中,人均生产总值对预算内平均宏观税负的回归系数都为正值,前两个面板的结果在1％水平上显著,最后一个面板的结果不显著,这说明中国各地方政府的预算内平均宏观税负和人均生产总值呈正向变动的关系;而在这三个面板回归模型中,第一个面板的人均公共支出对预算内平均宏观税负的回归系数,在1％水平上显著为负,后两个面板的人均公共支出对预算内平均宏观税负的回归系数,在1％水平上显著为正,这说明人均公共支出与预算内平均宏观税负没有严格的对应关系。在预算外平均宏观税负的面板回归模型中,1987—2006年和1993—2006年两个面板得到的人均生产总值对预算外宏观税负的回归系数为正,分别在5％和10％水平上显著,而1987—1992年的面板回归得到的回归系数却为负,并且结果不显著,这说明人均生产总值与预算外平均宏观税负没有严格的对应关系;在这三个面板中,1987—2006年和1993—2006年的面板回归结果得到的人均公共支出对预算外平均宏观税负的回归系数均为负,分别在5％和10％水平上显著,而1987—1992年的回归系数则在1％水平上显著为正,这说明人均公共支出与预算外平均宏观税负也没有严格的对应关系。在预算内外收入之和的平均宏观税负竞争模型中,1987—2006年、1987—1992年和1994—2006年三个面板回归中得到的人均生产总值对预算内外平均宏观税负的回归系数均为正,但只有第一个面板结果在5％水平上显著,后两个面板的结果均不显著,这说明人均生产总值与预算内外平均宏观税负基本上呈正向变动的关系,即人均生产总值越高,预算内外平均宏观税负越高,反之亦然;在这三个面板模型中,1987—2006年的回归结果得到的人均公共支出对预算内外平均宏观税负的回归系数为负值,结果很不显著,而1987—1992年和1994—2006年两个面板回归得到的回归系数均为正值,1987—1992年的结果在1％水平上显著,1994—2006年的结果在10％水平上显著,这说明人均共支出与预算内外平均宏观税负没有严格的对应关系。

本章利用面板数据所得到的结论,无论模型设置中有无截距项,都基本上支持中国各地方政府间的税收竞争反应系数为正,即它们相互之间所采取的税收策略行为是同方向的,都是通过减税的方式来吸引流动要的进入,从而促进当地的经济发展。通常来说,面板数据模型得到的结论较为可靠,因为它有助于消除不可控因素。

第6章

东、中、西部地区税收竞争反应函数的面板估计

中国各地区之间的经济发展很不平衡,经济增长的差异越来越大,例如,从1990年至2002年,中国各省份人均GDP的基尼系数、σ指数和Theil指数分别从0.26、0.86和0.10上升到0.34、0.95和0.13(逄言,2004)。从实证的角度来看,中国在1994年以前,各地区之间的经济发展差距还不是很大,而在1994年以后,区域之间经济发展的差距却越来越大。而税收竞争一般更倾向于在经济发展状况类似、地理位置接近的区域展开,前面两章的实证研究都是针对全国的,没有考虑到中国各区域之间经济发展极其不平衡的现实情况,本章将全国划分为东、中、西部三大区域[①],然后分别运用面板数据估计它们各自的税收竞争反应函数,看看这三大区域之间的税收竞争究竟有何不同,及各自有什么样的规律。

这一章的数据来源与上一章的面板数据模型是一致的,只不过是将全国31个地方政府的数据按照东、中、西部区域重新作了划分而已,所使用的计量经济模型也与上一章是一样的,所以在这里不再交待。这一章的内容主要是东、中、西部地区各自数据的描述性统计和税收竞争反应函数的动态估计结果。与上一章一样,这里也以分税制改革为界,分别估计分税制改革前后东、中、西部区域的税收竞争反应函数。

---

① 这里按照新三分法来划分我国不同的经济区域,东部地区包括北京、天津、河北、辽宁、上海、江苏、浙江、福建、山东、广东、海南等11个省(区、市);中部地区包括山西、吉林、黑龙江、安徽、江西、河南、湖北、湖南等8个省(区、市);西部地区包括重庆、四川、贵州、云南、西藏、陕西、甘肃、青海、宁夏、新疆、广西、内蒙古等12个省(区、市)。但由于重庆市1997年才升格为直辖市,统计资料的收集上存在一定的局限。因此,本章中西部地区选用除重庆外的其余11个省(市、区)作为样本。

6.1 东部地区税收竞争反应函数的面板估计

6.1.1 数据的描述性统计

1. 预算内平均宏观税负数据的描述性统计

(1) 1978—2006 年预算内平均宏观税负数据的描述性统计。

根据表 6.1 给出的结果,可以很直观地看到,1978—2006 年预算内平均宏观税负的均值是 0.139,中位数是 0.10,最大值是 0.62,最小值是 0.03,标准误差是 0.108;加权的预算内平均宏观税负的均值是 0.132,中位数是 0.106,最大值是 0.456,最小值是 0.036,标准误差是 0.08;人均生产总值的均值是 3 498,中位数是 2 330,最大值是 23 769,最小值是 315,标准误差是 3 826;人均公共支出的均值是 303,中位数是 183,最大值是 2 726,最小值是 32,标准误差是 395。

表 6.1　东部地区 1978—2006 年预算内平均宏观税负数据的描述性统计

	预算内平均宏观税负	加权的预算内平均宏观税负	人均生产总值	人均公共支出
均　值	0.139	0.132	3 498	303
中位数	0.100	0.106	2 330	183
最大值	0.620	0.456	23 769	2 726
最小值	0.030	0.036	315	32
标准误差	0.108	0.080	3 826	395
偏　度	2.078	1.581	2.580	3.463
峰　度	7.555	5.324	11.256	17.802
观测值	261	261	261	261

（2）分税制改革前预算内平均宏观税负数据的描述性统计。

根据表 6.2 给出的结果，可以很直观地看到，1978—1992 年预算内平均宏观税负的均值是 0.197，中位数是 0.16，最大值是 0.62，最小值是 0.06，标准误差是 0.121；加权的预算内平均宏观税负的均值是 0.184，中位数是 0.156，最大值是 0.456，最小值是 0.084，标准误差是 0.08；人均生产总值的均值是 1 431，中位数是 1 084，最大值是 6 161，最小值是 315，标准误差是 1 163；人均公共支出的均值是 127，中位数是 85，最大值是 345，最小值是 32，标准误差是 84。

表 6.2　东部地区 1978—1992 年预算内平均宏观税负数据的描述性统计

	预算内平均宏观税负	加权的预算内平均宏观税负	人均生产总值	人均公共支出
均　值	0.197	0.184	1 431	127
中位数	0.160	0.156	1 084	85
最大值	0.620	0.456	6 161	345
最小值	0.060	0.084	315	32
标准误差	0.121	0.080	1 163	84
偏　度	1.491	1.250	1.775	0.786
峰　度	4.751	3.985	6.128	2.205
观测值	135	135	135	135

（3）分税制改革后预算内平均宏观税负数据的描述性统计。

根据表 6.3 给出的结果，可以很直观地看到，1994—2006 年预算内平均宏观税负的均值是 0.074，中位数是 0.07，最大值是 0.16，最小值是 0.03，标准误差是 0.028；加权的预算内平均宏观税负的均值是 0.073，中位数是 0.07，最大值是 0.123，最小值是 0.036，标准误差是 0.016；人均生产总值的均值是 5 667，中位数是 4 324，最大值是 23 769，最小值是 1 320，标准误差是 4 332；人均公共支出的均值是 492，中位数是 341，最大值是 2 726，最小值是 86，标准误差是 488。

表 6.3　东部地区 1994—2006 年预算内平均宏观税负数据的描述性统计

	预算内平均 宏观税负	加权的预算内 平均宏观税负	人均生产总值	人均公共支出
均　值	0.074	0.073	5 667	492
中位数	0.070	0.070	4 324	341
最大值	0.160	0.123	23 769	2 726
最小值	0.030	0.036	1 320	86
标准误差	0.028	0.016	4 332	488
偏　度	0.923	0.751	2.136	2.557
峰　度	3.520	3.784	7.845	10.476
观测值	130	130	130	130

2. 预算外平均宏观税负数据的描述性统计

（1）1987—2006 年预算外平均宏观税负数据的描述性统计。

根据表 6.4 给出的结果，可以很直观地看到，1987—2006 年预算外平均宏观税负的均值是 0.057，中位数是 0.041，最大值是 0.183，最小值是 0.013，标准误差是 0.04；加权的预算外平均宏观税负的均值是 0.058，中位数是 0.04，最大值是 0.154，最小值是 0.017，标准误差是 0.037；人均生产总值的均值是 4 356，中位数是 3 163，最大值是 23 769，最小值是 644，标准误差是 4 006；人均公共支出的均值是 370，中位数是 239，最大值是 2 726，最小值是 66，标准误差是 429。

表 6.4　东部地区 1987—2006 年预算外平均宏观税负数据的描述性统计

	预算外平均 宏观税负	加权的预算外 平均宏观税负	人均生产总值	人均公共支出
均　值	0.057	0.058	4 356	370
中位数	0.041	0.040	3 163	239
最大值	0.183	0.154	23 769	2 726
最小值	0.013	0.017	644	66
标准误差	0.040	0.037	4 006	429
偏　度	1.564	1.013	2.388	3.096
峰　度	4.759	2.598	9.836	14.550
观测值	200	200	200	200

（2）分税制改革前预算外平均宏观税负数据的描述性统计。

根据表6.5给出的结果，可以很直观地看到，1987—1992年预算外平均宏观税负的均值是0.107，中位数是0.094，最大值是0.183，最小值是0.06，标准误差是0.037；加权的预算外平均宏观税负的均值是0.112，中位数是0.11，最大值是0.154，最小值是0.08，标准误差是0.02；人均生产总值的均值是1 812，中位数是1 291，最大值是6 161，最小值是644，标准误差是1 307；人均公共支出的均值是142，中位数是96，最大值是304，最小值是66，标准误差是80。

表6.5　东部地区1987—1992年预算外平均宏观税负数据的描述性统计

	预算外平均宏观税负	加权的预算外平均宏观税负	人均生产总值	人均公共支出
均　值	0.107	0.112	1 812	142
中位数	0.094	0.110	1 291	96
最大值	0.183	0.154	6 161	304
最小值	0.060	0.080	644	66
标准误差	0.037	0.020	1 307	80
偏　度	0.728	0.357	1.704	0.735
峰　度	2.188	2.202	5.179	1.840
观测值	60	60	60	60

（3）分税制改革后预算外平均宏观税负数据的描述性统计。

根据表6.6给出的结果，可以很直观地看到，1993—2006年预算外平均宏观税负的均值是0.035，中位数是0.034，最大值是0.077，最小值是0.013，标准误差是0.011；加权的预算外平均宏观税负的均值是0.036，中位数是0.036，最大值是0.066，最小值是0.017，标准误差是0.009；人均生产总值的均值是5 446，中位数是4 104，最大值是23 769，最小值是1 159，标准误差是4 274；人均公共支出的均值是468，中位数是319，最大值是2 726，最小值是86，标准误差是478。

表 6.6 东部地区 1993—2006 年预算外平均宏观税负数据的描述性统计

	预算外平均宏观税负	加权的预算外平均宏观税负	人均生产总值	人均公共支出
均　值	0.035	0.036	5 446	468
中位数	0.034	0.036	4 104	319
最大值	0.077	0.066	23 769	2 726
最小值	0.013	0.017	1 159	86
标准误差	0.011	0.009	4 274	478
偏　度	0.617	0.281	2.177	2.642
峰　度	3.685	3.373	8.162	11.058
观测值	140	140	140	140

3. 预算内外平均宏观税负数据的描述性统计

（1）1987—2006 年预算内外平均宏观税负数据的描述性统计。

根据表 6.7 给出的结果，可以很直观地看到，1987—2006 年预算内外平均宏观税负的均值是 0.15，中位数是 0.123，最大值是 0.487，最小值是 0.059，标准误差是 0.08；加权的预算内外平均宏观税负的均值是 0.152，中位数是 0.12，最大值是 0.383，最小值是 0.078，标准误差是 0.067；人均生产总值的均值是 4 575，中位数是 3 399，最大值是 23 769，最小值是 668，标准误差是 4 139；人均公共支出的均值是 388，中位数是 247，最大值是 2 726，最小值是 66，标准误差是 447。

表 6.7 东部地区 1987—2006 年预算内外平均宏观税负数据的描述性统计

	预算内外平均宏观税负	加权的预算内外平均宏观税负	人均生产总值	人均公共支出
均　值	0.150	0.152	4 575	388
中位数	0.123	0.120	3 399	247
最大值	0.487	0.383	23 769	2 726
最小值	0.059	0.078	668	66
标准误差	0.080	0.067	4 139	447
偏　度	1.704	1.148	2.278	2.940
峰　度	5.974	3.328	9.081	13.270
观测值	180	180	180	180

（2）分税制改革前预算内外平均宏观税负数据的描述性统计。

根据表6.8给出的结果，可以很直观地看到，1987—1992年预算内外平均宏观税负的均值是0.24，中位数是0.204，最大值是0.487，最小值是0.123，标准误差是0.087；加权的预算内外平均宏观税负的均值是0.244，中位数是0.239，最大值是0.383，最小值是0.17，标准误差是0.044；人均生产总值的均值是1922，中位数是1419，最大值是6161，最小值是668，标准误差是1332；人均公共支出的均值是148，中位数是96，最大值是304，最小值是66，标准误差是83。

表6.8　东部地区1987—1992年预算内外平均宏观税负数据的描述性统计

	预算内外平均宏观税负	加权的预算内外平均宏观税负	人均生产总值	人均公共支出
均　值	0.237	0.244	1 922	148
中位数	0.204	0.239	1 419	96
最大值	0.487	0.383	6 161	304
最小值	0.124	0.170	668	66
标准误差	0.087	0.044	1 332	83
偏　度	0.908	0.884	1.590	0.573
峰　度	3.018	3.808	4.733	1.613
观测值	54	54	54	54

（3）分税制改革后预算内外平均宏观税负数据的描述性统计。

根据表6.9给出的结果，可以很直观地看到，1994—2006年预算内外平均宏观税负的均值是0.111，中位数是0.106，最大值是0.209，最小值是0.059，标准误差是0.034；加权的预算内外平均宏观税负的均值是0.111，中位数是0.106，最大值是0.17，最小值是0.078，标准误差是0.019；人均生产总值的均值是5943，中位数是4512，最大值是23769，最小值是1320，标准误差是4467；人均公共支出的均值是517，中位数是357，最大值是2726，最小值是86，标准误差是507。

表 6.9　东部地区 1994—2006 年预算内外平均宏观税负数据的描述性统计

	预算内外平均宏观税负	加权的预算内外平均宏观税负	人均生产总值	人均公共支出
均　值	0.111	0.111	5 943	517
中位数	0.106	0.106	4 512	357
最大值	0.209	0.170	23 769	2 726
最小值	0.059	0.078	1 320	86
标准误差	0.034	0.019	4 467	507
偏　度	1.026	1.242	2.012	2.408
峰　度	3.655	4.305	7.177	9.518
观测值	117	117	117	117

6.1.2　估计结果

这章也依然同时给出了有截距项和没有截距项两种情形的回归结果,方便阅读者进行比较。笔者依然采信没有截距项情形的回归结果,为了节约文章的篇幅,这里只对无截距项情形的回归结果进行文字说明。

1. 一般预算内平均宏观税负竞争的回归结果

根据表 6.10 给出的回归结果,可以看到在 1978—2006 年的预算内平均宏观税负竞争模型中,税收竞争反应系数为 0.92,在 1‰ 水平上显著为正,且标准误差很小,仅为 0.009;人均生产总值对预算内平均宏观税负的回归系数在 1‰ 水平上显著为正;人均公共支出对一般预算内平均宏观税负的回归系数在 1‰ 水平上显著为负;R^2 和调整的 R^2 均为 0.982,说明模型的拟合效果很好。在 1978—1992 年的回归模型中,税收竞争反应系数为 0.615,在 1‰ 水平上显著为正,且标准误差很小,仅为 0.013;人均生产总值和人均公共支出分别对预算内平均宏观税负的回归系数均在 1‰ 水平上显著为正;R^2 是 0.951,调整的 R^2 是 0.950,说明模型的拟合效果很好。在 1994—2006 年的回归模型中,税收竞争反应系数为 0.522,在

表6.10 东部地区预算内平均宏观税负竞争的回归结果

自变量	因变量：预算内平均宏观税负					
	1978—2006年		1978—1992年		1994—2006年	
回归常数	0.095*** (0.005)		-0.053*** (0.003)		0.021*** (0.001)	
加权的预算内平均宏观税负	0.646*** (0.016)	0.92*** (0.009)	0.806*** (0.018)	0.615*** (0.013)	0.746*** (0.027)	0.522*** (0.011)
人均生产总值	-2.48E-05*** (1.89E-06)	7.69E-06*** (6.46E-07)	2.20E-05*** (2.35E-06)	1.66E-05*** (1.61E-06)	-3.13E-06*** (3.34E-07)	7.44E-06*** (2.63E-07)
人均公共支出	0.000 2*** (1.35E-05)	-3.63E-05*** (6.98E-06)	0.000 5*** (2.94E-05)	0.000 5*** (2.86E-05)	3.24E-05*** (2.09E-06)	-1.53E-05*** (-1.84E-05)
R^2	0.983	0.982	0.981	0.951	0.999	0.999
调整的 R^2	0.983	0.982	0.980	0.950	0.999	0.999
D.W 统计	1.12	1.05	1.58	1.57	1.99	1.63
观测值	261	261	135	135	130	130
截面数	9	9	9	9	10	10
回归方法	Panel EGLS(Cross-section SUR), Cross-section fixed		Panel EGLS(Period SUR)		Panel EGLS(Cross-section SUR), Cross-section fixed	

注：括号中的数字是标准误差；***、**、* 分别表示在1%、5%和10%水平上显著。

1%水平上显著为正,且标准误差较小,仅为 0.011;人均生产总值对预算内平均宏观税负的回归系数在 1%水平上显著为正;人均公共支出对预算内平均宏观税负的回归系数在 1%水平上显著为负;R^2 和调整的 R^2 均为 0.999,说明模型的拟合效果很好。

三个模型中所有的税收竞争反应系数均为正值,说明东部地区确实存在预算内平均宏观税负竞争,且各地方政府间的税收竞争策略是同方向的。不过,分税制改革以后的税收竞争反应系数要小于分税制改革以前,这说明东部地区各地方政府间在分税制改革以后,预算内平均宏观税负竞争有所减弱。

2. 预算外平均宏观税负竞争的回归结果

根据表 6.11 给出的回归结果,可以很直观地看到在 1987—2006 年的预算外平均宏观税负竞争模型中,税收竞争反应系数为 0.925,在 1%水平上显著为正,且标准误差很小,仅为 0.005;人均生产总值对预算外平均宏观税负的回归系数在 1%水平上显著为正;人均公共支出对预算外平均宏观税负的回归系数在 1%水平上显著为负;R^2 和调整的 R^2 均为 0.994,说明模型的拟合效果很好。在 1987—1992 年的回归模型中,税收竞争反应系数为 0.473,在 1%水平上显著为正,且标准误差较小,仅为 0.034;人均生产总值对预算外平均宏观税负的回归系数为负值,但结果不显著;人均公共支出对预算外平均宏观税负的回归系数在 1%水平上显著为正;R^2 是 0.959,调整的 R^2 是 0.958,说明模型的拟合效果很好。在 1993—2006 年的回归模型中,税收竞争反应系数为 0.906,在 1%水平上显著为正,且标准误差很小,仅为 0.008;人均生产总值对预算外平均宏观税负的回归系数在 1%水平上显著为正;人均公共支出对预算外平均宏观税负的回归系数在 1%水平上显著为负;R^2 和调整的 R^2 均为 0.999,说明模型的拟合效果很好。

在这三个模型中,所有的税收竞争反应系数均为正值,说明东部地区各地方政府间为了吸引流动要素的进入,都采取了降低预算外收入的竞争策略。另外,分税制改革以后的税收竞争反应系数大于分税制改革以前,这说明分税制改革以后,东部地区各地方政府间的预算外平均宏观税负竞争越来越激烈了。

表6.11　东部地区预算外平均/宏观税负竞争的回归结果

因变量：预算外平均/宏观税负

自变量	1987—2006年		1987—1992年		1993—2006年	
回归常数	0.028*** (0.002)		−0.003 (0.016)		0.014*** (0.000 7)	
加权的预算外平均宏观税负	0.755*** (0.015)	0.925*** (0.005)	0.441** (0.132)	0.473*** (0.034)	0.555*** (0.017)	0.906*** (0.008)
人均生产总值	−5.56E-06*** (5.17E-07)	2.73E-06*** (1.04E-07)	−1.43E-06 (3.34E-06)	−1.51E-06 (2.82E-06)	1.82E-06*** (1.61E-07)	1.58E-06*** (9.97E-08)
人均公共支出	2.31E-05*** (3.40E-06)	−2.47E-05*** (1.13E-06)	0.000 4*** (4.77E-05)	0.000 4*** (4.30E-05)	−1.80E-05*** (1.17E-06)	−1.53E-05*** (8.05E-07)
R^2	0.993	0.994	0.941	0.959	0.999	0.999
调整的 R^2	0.992	0.994	0.938	0.958	0.999	0.999
D.W 统计	1.51	1.33	1.98	1.92	1.81	1.68
观测值	200	200	60	60	140	140
截面数	10	10	10	10	10	10
回归方法	Panel EGLS(Cross-section SUR), Cross-section fixed		Panel EGLS(Period SUR)		Panel EGLS(Cross-section SUR), Cross-section fixed	

注：括号中的数字是标准误差；***、**、* 分别表示在1%，5%和10%水平上显著。

表6.12　东部地区预算内外平均宏观税负竞争的回归结果

因变量:预算内外收入之和的平均宏观税负

自变量	1987—2006年		1987—1992年		1994—2006年	
回归常数	0.087*** (0.005)		0.011 (0.026)		0.053*** (0.004)	
加权的预算内外平均宏观税负	0.674*** (0.012)	0.851*** (0.003)	0.399*** (0.102)	0.433*** (0.022)	0.424*** (0.04)	0.638*** (0.006)
人均生产总值	−1.73E-05*** (1.48E-06)	8.95E-06*** (5.85E-07)	9.85E-06** (3.97E-06)	9.66E-06*** (3.60E-06)	1.27E-06 (8.42E-07)	9.91E-06*** (2.09E-07)
人均公共支出	0.0001*** (9.70E-06)	−4.90E-05*** (5.26E-06)	0.0007*** (6.63E-05)	0.0008*** (6.60E-05)	6.41E-06 (4.99E-06)	−4.17E-05*** (2.16E-06)
R^2	0.996	0.999	0.989	0.990	0.997	0.996
调整的 R^2	0.996	0.999	0.988	0.989	0.997	0.996
D.W统计	1.33	1.10	1.81	1.93	1.83	1.60
观测值	180	180	54	54	117	117
截面数	9	9	9	9	9	9
回归方法	Panel EGLS(Cross-section SUR), Cross-section fixed		Panel EGLS(Period SUR)		Panel EGLS(Cross-section SUR), Cross-section fixed	

注:括号中的数字是标准误差;****、***、*分别表示在1%、5%和10%水平上显著。

3. 预算内外平均宏观税负竞争的回归结果

根据表 6.12 给出的回归结果,可以很直观地看到在 1987—2006 年的预算内外平均宏观税负竞争模型中,税收竞争反应系数为 0.851,在 1% 水平上显著为正,且标准误差很小,仅为 0.003;人均生产总值对预算内外平均宏观税负的回归系数在 1% 水平上显著为正;人均公共支出对预算内外平均宏观税负的回归系数在 1% 水平上显著为负;R^2 和调整的 R^2 均为 0.999,说明模型的拟合效果非常好。在 1987—1992 年的回归模型中,税收竞争反应系数为 0.433,在 1% 水平上显著为正,且标准误差较小,仅为 0.022;人均生产总值和人均公共支出分别对预算内外平均宏观税负的回归系数均在 1% 水平上显著为正;R^2 是 0.990,调整的 R^2 是 0.989,说明模型的拟合效果很好。在 1994—2006 年的回归模型中,税收竞争反应系数为 0.638,在 1% 水平上显著为正,且标准误差很小,仅为 0.006;人均生产总值对预算内外平均宏观税负的回归系数在 1% 水平上显著为正;人均公共支出对预算内外平均宏观税负的回归系数在 1% 水平上显著为负;R^2 和调整的 R^2 均为 0.996,说明模型的拟合效果很好。

在三个模型中,所有的税收竞争反应系数均为正值,说明东部地区各地方政府间就预算内外平均宏观税负所采取的竞争策略行为是一致的,在现实中都表现为降低税负。另外,分税制改革以后的税收竞争反应系数略大于分税制改革以前,说明在综合了预算内和预算外收入以后,东部地区各地方政府间的税收竞争在分税制改革以后还是更加激烈了。

6.2　中部地区税收竞争反应函数的面板估计

6.2.1　数据的描述性统计

1. 预算内平均宏观税负数据的描述性统计

(1) 1978—2006 年预算内平均宏观税负数据的描述性统计。

根据表 6.13 可以很直观地看到,1978—2006 年预算内平均宏观税负的均值是 0.093,中位数是 0.09,最大值是 0.36,最小值是 0.04,标准误差是 0.045;加权的预算内平均宏观税负的均值是 0.105,中位数是 0.095,最大值是 0.36,最小值是 0.046,标准误差是 0.052;人均生产总值的均值是 1 238,中位数是 925,最大值是 4 415,最小值是 231,标准误差是 914;人均公共支出的均值是 142,中位数是 91,最大值是 757,最小值是 29,标准误差是 127。

表 6.13　中部地区 1978—2006 年预算内平均宏观税负数据的描述性统计

	预算内平均宏观税负	加权的预算内平均宏观税负	人均生产总值	人均公共支出
均　值	0.093	0.105	1 238	142
中位数	0.090	0.095	925	91
最大值	0.360	0.362	4 415	757
最小值	0.040	0.046	231	29
标准误差	0.045	0.052	914	127
偏　度	1.845	1.571	1.247	2.128
峰　度	9.058	6.309	4.021	7.766
观测值	232	232	232	232

(2) 分税制改革前预算内平均宏观税负数据的描述性统计。

根据表 6.14 可以很直观地看到,1978—1992 年预算内平均宏观税负的均值是 0.123,中位数是 0.11,最大值是 0.36,最小值是 0.07,标准误差是 0.042;加权

表 6.14　中部地区 1978—1992 年预算内平均宏观税负数据的描述性统计

	预算内平均宏观税负	加权的预算内平均宏观税负	人均生产总值	人均公共支出
均　值	0.123	0.142	576	72
中位数	0.110	0.129	564	66
最大值	0.360	0.362	1 218	155
最小值	0.070	0.086	231	29
标准误差	0.042	0.048	222	29
偏　度	2.332	1.836	0.650	0.862
峰　度	11.521	7.140	2.879	3.148
观测值	120	120	120	120

的预算内平均宏观税负的均值是 0.142,中位数是 0.129,最大值是 0.36,最小值是 0.086,标准误差是 0.048;人均生产总值的均值是 576,中位数是 564,最大值是 1 218,最小值是 231,标准误差是 222;人均公共支出的均值是 72,中位数是 66,最大值是 155,最小值是 29,标准误差是 29。

（3）分税制改革后预算内平均宏观税负数据的描述性统计。

根据表 6.15 可以很直观地看到,1994—2006 年预算内平均宏观税负的均值是 0.058,中位数是 0.06,最大值是 0.12,最小值是 0.04,标准误差是 0.01;加权的预算内平均宏观税负的均值是 0.063,中位数是 0.063,最大值是 0.083,最小值是 0.046,标准误差是 0.008;人均生产总值的均值是 2 021,中位数是 1 831,最大值是 4 415,最小值是 850,标准误差是 825;人均公共支出的均值是 225,中位数是 182,最大值是 757,最小值是 51,标准误差是 150。

表 6.15 中部地区 1994—2006 年预算内平均宏观税负数据的描述性统计

	预算内平均宏观税负	加权的预算内平均宏观税负	人均生产总值	人均公共支出
均 值	0.058	0.063	2 021	225
中位数	0.060	0.063	1 831	182
最大值	0.120	0.083	4 415	757
最小值	0.040	0.046	850	51
标准误差	0.011	0.008	825	150
偏 度	1.941	−0.162	0.883	1.252
峰 度	13.325	2.831	3.233	4.230
观测值	104	104	104	104

2. 预算外平均宏观税负数据的描述性统计

（1）1987—2006 年预算外平均宏观税负数据的描述性统计。

根据表 6.16 可以很直观地看到,1987—2006 年预算外平均宏观税负的均值是 0.053,中位数是 0.042,最大值是 0.141,最小值是 0.018,标准误差是 0.031;加权的预算外平均宏观税负的均值是 0.054,中位数是 0.038,最大值是 0.138,最小值是 0.021,标准误差是 0.032;人均生产总值的均值是 1 590,中位数是 1 379,

最大值是 4 415,最小值是 525,标准误差是 896;人均公共支出的均值是 177,中位数是 124,最大值是 757,最小值是 49,标准误差是 139。

表 6.16　中部地区 1987—2006 年预算外平均宏观税负数据的描述性统计

	预算外平均宏观税负	加权的预算外平均宏观税负	人均生产总值	人均公共支出
均　值	0.053	0.054	1 590	177
中位数	0.042	0.038	1 379	124
最大值	0.141	0.138	4 415	757
最小值	0.018	0.021	525	49
标准误差	0.031	0.032	896	139
偏　度	1.138	0.979	1.018	1.713
峰　度	3.477	2.483	3.473	5.797
观测值	160	160	160	160

(2) 分税制改革前预算外平均宏观税负数据的描述性统计。

根据表 6.17 可以很直观地看到,1987—1992 年预算外平均宏观税负的均值是 0.093,中位数是 0.086,最大值是 0.141,最小值是 0.06,标准误差是 0.025;加权的预算外平均宏观税负的均值是 0.10,中位数是 0.096,最大值是 0.138,最小值是 0.08,标准误差是 0.014;人均生产总值的均值是 757,中位数是 718,最大值

表 6.17　中部地区 1987—1992 年预算外平均宏观税负数据的描述性统计

	预算外平均宏观税负	加权的预算外平均宏观税负	人均生产总值	人均公共支出
均　值	0.093	0.100	757	85
中位数	0.086	0.096	718	78
最大值	0.141	0.138	1 218	152
最小值	0.060	0.080	525	52
标准误差	0.025	0.014	186	30
偏　度	0.589	0.986	0.672	0.714
峰　度	2.152	3.356	2.430	2.200
观测值	48	48	48	48

是 1 218,最小值是 525,标准误差是 186;人均公共支出的均值是 85,中位数是 78,最大值是 152,最小值是 52,标准误差是 30。

（3）分税制改革后预算外平均宏观税负数据的描述性统计。

根据表 6.18 可以很直观地看到,1993—2006 年预算外平均宏观税负的均值是 0.036,中位数是 0.033,最大值是 0.082,最小值是 0.018,标准误差是 0.013;加权的预算外平均宏观税负的均值是 0.035,中位数是 0.034,最大值是 0.059,最小值是 0.021,标准误差是 0.007;人均生产总值的均值是 1 947,中位数是 1 758,最大值是 4 415,最小值是 776,标准误差是 841;人均公共支出的均值是 216,中位数是 161,最大值是 757,最小值是 49,标准误差是 149。

表 6.18　中部地区 1993—2006 年预算外平均宏观税负数据的描述性统计

	预算外平均宏观税负	加权的预算外平均宏观税负	人均生产总值	人均公共支出
均　值	0.036	0.035	1 947	216
中位数	0.033	0.034	1 758	161
最大值	0.082	0.059	4 415	757
最小值	0.018	0.021	776	49
标准误差	0.013	0.007	841	149
偏　度	0.996	0.495	0.891	1.322
峰　度	3.655	3.274	3.255	4.424
观测值	112	112	112	112

3. 预算内外平均宏观税负数据的描述性统计

（1）1987—2006 年预算内外平均宏观税负数据的描述性统计。

根据表 6.19 可以很直观地看到,1987—2006 年预算内外平均宏观税负的均值是 0.125,中位数是 0.10,最大值是 0.27,最小值是 0.061,标准误差是 0.054;加权的预算内外平均宏观税负的均值是 0.133,中位数是 0.102,最大值是 0.271,最小值是 0.081,标准误差是 0.054;人均生产总值的均值是 1 590,中位数是 1 379,最大值是 4 415,最小值是 525,标准误差是 896;人均公共支出的均值是 177,中位数是 124,最大值是 757,最小值是 49,标准误差是 139。

表 6.19　中部地区 1987—2006 年预算内外平均宏观税负数据的描述性统计

	预算内外平均宏观税负	加权的预算内外平均宏观税负	人均生产总值	人均公共支出
均　值	0.125	0.133	1 590	177
中位数	0.100	0.102	1 379	124
最大值	0.270	0.271	4 415	757
最小值	0.061	0.081	525	49
标准误差	0.054	0.054	896	139
偏　度	1.063	0.988	1.018	1.713
峰　度	3.121	2.395	3.473	5.797
观测值	160	160	160	160

（2）分税制改革前预算内外平均宏观税负数据的描述性统计。

根据表 6.20 可以很直观地看到,1987—1992 年预算内外平均宏观税负的均值是 0.196,中位数是 0.189,最大值是 0.27,最小值是 0.144,标准误差是 0.038;加权的预算内外平均宏观税负的均值是 0.212,中位数是 0.212,最大值是 0.271,最小值是 0.171,标准误差是 0.025;人均生产总值的均值是 757,中位数是 718,最大值是 1 218,最小值是 525,标准误差是 186;人均公共支出的均值是 85,中位数是 78,最大值是 152,最小值是 52,标准误差是 30。

表 6.20　中部地区 1987—1992 年预算内外平均宏观税负数据的描述性统计

	预算内外平均宏观税负	加权的预算内外平均宏观税负	人均生产总值	人均公共支出
均　值	0.196	0.212	757	85
中位数	0.189	0.212	718	78
最大值	0.270	0.271	1 218	152
最小值	0.144	0.171	525	52
标准误差	0.038	0.025	186	30
偏　度	0.497	0.501	0.672	0.714
峰　度	2.079	2.477	2.430	2.200
观测值	48	48	48	48

（3）分税制改革后预算内外平均宏观税负数据的描述性统计。

表 6.21 中部地区 1994—2006 年预算内外平均宏观税负数据的描述性统计

	预算内外平均宏观税负	加权的预算内外平均宏观税负	人均生产总值	人均公共支出
均　值	0.092	0.097	2 021	225
中位数	0.089	0.098	1 831	182
最大值	0.151	0.119	4 415	757
最小值	0.061	0.081	850	51
标准误差	0.019	0.007	825	150
偏　度	1.148	0.003	0.883	1.252
峰　度	4.067	3.379	3.233	4.230
观测值	104	104	104	104

根据表 6.21 可以很直观地看到,1994—2006 年预算内外平均宏观税负的均值是 0.092,中位数是 0.089,最大值是 0.151,最小值是 0.061,标准误差是 0.019;加权的预算内外平均宏观税负的均值是 0.097,中位数是 0.098,最大值是 0.119,最小值是 0.081,标准误差是 0.007;人均生产总值的均值是 2 021,中位数是 1 831,最大值是 4 415,最小值是 850,标准误差是 825;人均公共支出的均值是 225,中位数是 182,最大值是 757,最小值是 51,标准误差是 150。

6.2.2　估计结果

1. 预算内平均宏观税负竞争的回归结果

根据表 6.22 给出的回归结果,可以很直观地看到在 1978—2006 年的预算内平均宏观税负竞争模型中,税收竞争反应系数为 0.829,在 1% 水平上显著为正,且标准误差很小,仅为 0.006;人均生产总值对预算内平均宏观税负的回归系数为负值,且结果不显著;人均公共支出对预算内平均宏观税负的回归系数在 5%

表6.22 中部地区预算内平均宏观税负竞争的回归结果

自变量	因变量:预算内平均宏观税负					
	1978—2006年		1978—1992年		1994—2006年	
回归常数	0.04*** (0.003)		0.024** (0.009)		0.034*** (0.001)	
加权的预算内宏观税负	0.612*** (0.016)	0.829*** (0.006)	0.59*** (0.034)	0.688*** (0.009)	0.388*** (0.014)	1.052*** (0.026)
人均生产总值	-2.45E-05*** (2.58E-06)	-2.44E-07 (1.26E-06)	-5.88E-05*** (1.21E-05)	-3.99E-06 (5.86E-06)	-5.43E-06*** (1.09E-06)	-1.12E-05*** (1.41E-06)
人均公共支出	0.0001*** (1.72E-05)	2.43E-05** (1.22E-05)	0.0007*** (8.76E-05)	0.0004*** (5.08E-05)	4.58E-05*** (5.68E-06)	6.17E-05*** (6.86E-06)
R^2	0.985	0.984	0.970	0.991	0.997	0.998
调整的 R^2	0.984	0.983	0.967	0.990	0.997	0.998
D.W 统计	1.18	1.11	1.80	1.47	1.86	1.59
观测值	232	232	120	120	104	104
截面数	8	8	8	8	8	8
回归方法	Panel EGLS(Cross-section SUR), Cross-section fixed		Panel EGLS(Cross-section SUR), Cross-section fixed		Panel EGLS(Cross-section SUR), Cross-section fixed	

注:括号中的数字是标准误差;***、**、*分别表示在1%、5%和10%水平上显著。

水平上显著为正;R^2 是 0.984,调整的 R^2 是 0.983,说明模型的拟合效果很好。在 1978—1992 年的回归模型中,税收竞争反应系数为 0.688,在 1% 水平上显著为正,且标准误差较小,仅为 0.009;人均生产总值对预算内平均宏观税负的回归系数为负值,且结果不显著;人均公共支出对预算内平均宏观税负的回归系数在 1% 水平上显著为正;R^2 是 0.991,调整的 R^2 是 0.990,说明模型的拟合效果很好。在 1994—2006 年的回归模型中,税收竞争反应系数为 1.052,在 1% 水平上显著为正,且标准误差很小,仅为 0.026;人均生产总值对预算内平均宏观税负的回归系数在 1% 水平上显著为负;人均公共支出对预算内平均宏观税负的回归系数在 1% 水平上显著为正;R^2 和调整的 R^2 均为 0.998,说明模型的拟合效果非常好。

三个模型中的税收竞争反应系数均为正值,说明中部地区各地方政府间确实存在着预算内平均宏观税负竞争,且采取的策略行为是同方向的。另外,分税制改革以后的税收竞争反应系数远远大于分税制改革以前,说明东部地区各地方政府间在分税制改革以后,预算内平均宏观税负竞争的程度大大增强了。

2. 预算外平均宏观税负竞争的回归结果

根据表 6.23 给出的回归结果,可以很直观地看到在 1987—2006 年的预算外平均宏观税负竞争模型中,税收竞争反应系数为 0.93,在 1% 水平上显著为正,且标准误差很小,仅为 0.006;人均生产总值对预算外平均宏观税负的回归系数在 1% 水平上显著为负;人均公共支出对预算外平均宏观税负的回归系数在 1% 水平上显著为正;R^2 和调整的 R^2 均为 0.991,说明模型的拟合效果很好。在 1978—1992 年的回归模型中,税收竞争反应系数为 0.523,在 1% 水平上显著为正,且标准误差较小,为 0.069;人均生产总值对预算外平均宏观税负的回归系数在 1% 水平上显著为负;人均公共支出对预算外平均宏观税负的回归系数在 1% 水平上显著为正;R^2 是 0.915,调整的 R^2 是 0.911,说明模型的拟合效果很好。在 1993—2006 年的回归模型中,税收竞争反应系数为 1.19,在 1% 水平上显著为正,且标准误差很小,仅为 0.024;人均生产总值对预算外平均宏观

表 6.23　中部地区预算外平均宏观税负竞争的回归结果

自变量	因变量:预算外平均宏观税负					
	1987—2006 年		1987—1992 年		1993—2006 年	
回归常数	0.005*** (0.001)		0.123*** (0.018)		0.001 (0.002)	
加权的预算外平均宏观税负	0.864*** (0.011)	0.93*** (0.006)	−0.511*** (0.128)	0.523*** (0.069)	0.789*** (0.042)	1.19*** (0.024)
人均生产总值	5.49E-06*** (8.99E-07)	−2.48E-06*** (6.32E-07)	−0.0001*** (1.18E-05)	−3.84E-05*** (5.84E-06)	1.25E-05*** (5.87E-07)	−9.40E-06*** (1.11E-06)
人均公共支出	−4.45E-05*** (5.22E-06)	2.53E-05*** (5.24E-06)	0.0011*** (0.0001)	0.0008*** (9.12E-05)	−8.06E-05*** (4.14E-06)	5.57E-05*** (6.85E-06)
R^2	0.996	0.991	0.933	0.915	0.977	0.989
调整的 R^2	0.996	0.991	0.928	0.911	0.975	0.989
D.W 统计	1.48	1.17	1.84	1.93	1.98	1.63
观测值	160	160	48	48	112	112
截面数	8	8	8	8	8	8
回归方法	Panel EGLS(Cross-section SUR), Cross-section fixed		Panel EGLS(Period SUR)		Panel EGLS(Cross-section SUR), Cross-section fixed	

注:括号中的数字是标准误差;***、**、*分别表示在 1%、5% 和 10% 水平上显著。

税负的回归系数在1%水平上显著为负;人均公共支出对预算外平均宏观税负的回归系数在1%水平上显著为正;R^2和调整的R^2均为0.989,说明模型的拟合效果非常好。

三个模型中的税收竞争反应系数都在1%水平上显著为正,说明中部地区各地方政府间的预算外平均宏观税负竞争是同方向的。另外,分税制改革以后的税收竞争反应系数远远大于分税制改革以前,说明分税制改革以后,中部地区各地方政府间的预算外平均宏观税负竞争的激烈程度大大提高了。

3. 预算内外平均宏观税负竞争的回归结果

根据表6.24给出的回归结果,可以很直观地看到在1987—2006年的预算内外平均宏观税负竞争模型中,税收竞争反应系数为0.937,在1%水平上显著为正,且标准误差很小,仅为0.005;人均生产总值对预算内外平均宏观税负的回归系数在1%水平上显著为负;人均公共支出对预算内外平均宏观税负的回归系数在1%水平上显著为正;R^2和调整的R^2均为0.996,说明模型的拟合效果很好。在1987—1992年的回归模型中,税收竞争反应系数为0.648,在1%水平上显著为正,且标准误差较小,为0.063;人均生产总值对预算内外平均宏观税负的回归系数在5%水平上显著为负;人均公共支出对预算内外平均宏观税负的回归系数在1%水平上显著为正;R^2是0.894,调整的R^2是0.889,说明模型的拟合效果较好。在1994—2006年的回归模型中,税收竞争反应系数为1.20,在1%水平上显著为正,且标准误差很小,仅为0.022;人均生产总值对预算内外平均宏观税负的回归系数在1%水平上显著为负;人均公共支出对预算内外平均宏观税负的回归系数在1%水平上显著为正;R^2和调整的R^2均为0.996,说明模型的拟合效果非常好。

三个模型中的税收竞争反应系数均为正值,说明中部地区各地方政府间的预算内外平均宏观税负竞争是同方向的,在现实中均表现为通过减税来吸引流动要素的进入。分税制改革后的税收竞争反应系数大约是分税制改革前的两倍,说明中部地区各地方政府间的预算内外平均宏观税负的竞争,在分税制改革以后日益激烈。

表6.24　中部地区预算内外平均宏观税负竞争的回归结果

自变量	因变量：预算内外收入之和的平均宏观税负			
	1987—2006年	1987—1992年	1994—2006年	1994—2006年
回归常数	0.026*** (0.003)	0.308*** (0.019)	0.040*** (0.006)	
加权的预算内外平均宏观税负	0.818*** (0.012)	−0.777*** (0.082)	0.546*** (0.069)	1.20*** (0.022)
人均生产总值	−9.56E-06*** (2.35E-06)	−0.000 1*** (8.12E-06)	2.84E-06 (2.37E-06)	−2.86E-05*** (2.46E-06)
人均公共支出	2.94E-05** (1.26E-05)	0.001 6*** (0.000 1)	−2.91E-05** (1.32E-05)	0.000 2*** (1.37E-05)
R^2	0.998	0.979	0.996	0.996
调整的 R^2	0.998	0.975	0.996	0.996
D.W 统计值	1.51	1.74	1.89	1.58
观测值	160	48	104	104
截面数	8	8	8	8
回归方法	Panel EGLS(Cross-section SUR), Cross-section fixed	Panel EGLS(Period SUR), period fixed	Panel EGLS(Cross-section SUR), Cross-section fixed	Panel EGLS(Cross-section SUR), Cross-section fixed

注：括号中的数字是标准误差；***，**，* 分别表示在1%，5%和10%水平上显著。

6.3　西部地区税收竞争反应函数的面板估计

6.3.1　数据的描述性统计

1. 预算内平均宏观税负数据的描述性统计

（1）1978—2006 年预算内平均宏观税负数据的描述性统计。

根据表 6.25 可以很直观地看到，1978—2006 年预算内平均宏观税负的均值是 0.097，中位数是 0.09，最大值是 0.32，最小值是 0.03，标准误差是 0.042；加权的预算内平均宏观税负的均值是 0.099，中位数是 0.091，最大值是 0.292，最小值是 0.05，标准误差是 0.043；人均生产总值的均值是 1 008，中位数是 779，最大值是 4 950，最小值是 174，标准误差是 739；人均公共支出的均值是 190，中位数是 144，最大值是 901，最小值是 39，标准误差是 162。

表 6.25　西部地区 1978—2006 年预算内平均宏观税负数据的描述性统计

	预算内平均宏观税负	加权的预算内平均宏观税负	人均生产总值	人均公共支出
均　值	0.097	0.099	1 008	190
中位数	0.090	0.091	779	144
最大值	0.320	0.292	4 950	901
最小值	0.030	0.050	174	39
标准误差	0.042	0.043	739	162
偏　度	1.738	1.731	1.668	2.050
峰　度	7.386	6.951	6.904	7.352
观测值	261	261	261	261

（2）分税制改革前预算内平均宏观税负数据的描述性统计。

根据表 6.26 可以很直观地看到，1978—1992 年预算内平均宏观税负的均值是 0.119，中位数是 0.11，最大值是 0.32，最小值是 0.03，标准误差是 0.044；加权的预算内平均宏观税负的均值是 0.127，中位数是 0.117，最大值是 0.292，最小值是 0.077，标准误差是 0.041；人均生产总值的均值是 506，中位数是 447，最大值是 1 099，最小值是 174，标准误差是 204；人均公共支出的均值是 109，中位数是 103，最大值是 216，最小值是 39，标准误差是 48。

表 6.26　西部地区 1978—1992 年预算内平均宏观税负数据的描述性统计

	预算内平均宏观税负	加权的预算内平均宏观税负	人均生产总值	人均公共支出
均　值	0.119	0.127	506	109
中位数	0.110	0.117	447	103
最大值	0.320	0.292	1 099	216
最小值	0.030	0.077	174	39
标准误差	0.044	0.041	204	48
偏　度	1.384	1.869	0.533	0.395
峰　度	6.436	6.822	2.384	1.950
观测值	135	135	135	135

（3）分税制改革后预算内平均宏观税负数据的描述性统计。

根据表 6.27 可以很直观地看到，1994—2006 年预算内平均宏观税负的均值是 0.067，中位数是 0.07，最大值是 0.10，最小值是 0.04，标准误差是 0.013；加权的预算内平均宏观税负的均值是 0.066，中位数是 0.065，最大值是 0.092，最小值是 0.05，标准误差是 0.008；人均生产总值的均值是 1 629，中位数是 1 467，最大值是 4 950，最小值是 547，标准误差是 719；人均公共支出的均值是 271，中位数是 209，最大值是 901，最小值是 55，标准误差是 189。

表 6.27　西部地区 1994—2006 年预算内平均宏观税负数据的描述性统计

	预算内平均 宏观税负	加权的预算内 平均宏观税负	人均生产总值	人均公共支出
均　　值	0.067	0.066	1 629	271
中位数	0.070	0.065	1 467	209
最大值	0.100	0.092	4 950	901
最小值	0.040	0.050	547	55
标准误差	0.013	0.008	719	189
偏　　度	0.451	0.240	1.413	1.207
峰　　度	2.494	2.724	6.070	4.034
观测值	143	143	143	143

2. 预算外平均宏观税负数据的描述性统计

（1）1987—2006 年预算外平均宏观税负数据的描述性统计。

表 6.28　西部地区 1987—2006 年预算外平均宏观税负数据的描述性统计

	预算外平均 宏观税负	加权的预算外 平均宏观税负	人均生产总值	人均公共支出
均　　值	0.056	0.056	1 287	221
中位数	0.041	0.039	1 088	161
最大值	0.142	0.130	4 950	901
最小值	0.014	0.020	369	58
标准误差	0.033	0.032	728	173
偏　　度	0.971	0.900	1.535	1.720
峰　　度	2.603	2.158	6.491	5.778
观测值	200	200	200	200

根据表 6.28 可以很直观地看到，1987—2006 年预算外平均宏观税负的均值是 0.056，中位数是 0.041，最大值是 0.142，最小值是 0.014，标准误差是 0.033；加权的预算外平均宏观税负的均值是 0.056，中位数是 0.039，最大值是 0.13，最小值是 0.02，标准误差是 0.032；人均生产总值的均值是 1 287，中位数是 1 088，

最大值是 4 950,最小值是 369,标准误差是 728;人均公共支出的均值是 221,中位数是 161,最大值是 901,最小值是 58,标准误差是 173。

（2）分税制改革前预算外平均宏观税负数据的描述性统计。

根据表 6.29 可以很直观地看到,1987—1992 年预算外平均宏观税负的均值是 0.102,中位数是 0.101,最大值是 0.142,最小值是 0.069,标准误差是 0.019;加权的预算外平均宏观税负的均值是 0.103,中位数是 0.103,最大值是 0.13,最小值是 0.084,标准误差是 0.012;人均生产总值的均值是 670,中位数是 722,最大值是 1 099,最小值是 369,标准误差是 172;人均公共支出的均值是 117,中位数是 110,最大值是 199,最小值是 58,标准误差是 44。

表 6.29 西部地区 1987—1992 年预算外平均宏观税负数据的描述性统计

	预算外平均宏观税负	加权的预算外平均宏观税负	人均生产总值	人均公共支出
均　值	0.102	0.103	670	117
中位数	0.101	0.103	722	110
最大值	0.142	0.130	1 099	199
最小值	0.069	0.084	369	58
标准误差	0.019	0.012	172	44
偏　度	0.040	0.305	−0.106	0.257
峰　度	1.908	2.209	2.437	1.691
观测值	60	60	60	60

（3）分税制改革后预算外平均宏观税负数据的描述性统计。

根据表 6.30 可以很直观地看到,1993—2006 年预算外平均宏观税负的均值是 0.037,中位数是 0.037,最大值是 0.058,最小值是 0.014,标准误差是 0.01;加权的预算外平均宏观税负的均值是 0.036,中位数是 0.037,最大值是 0.053,最小值是 0.02,标准误差是 0.007;人均生产总值的均值是 1 552,中位数是 1 386,最大值是 4 950,最小值是 511,标准误差是 716;人均公共支出的均值是 266,中位数是 204,最大值是 901,最小值是 66,标准误差是 189。

表 6.30　西部地区 1993—2006 年预算外平均宏观税负数据的描述性统计

	预算外平均 宏观税负	加权的预算外 平均宏观税负	人均生产总值	人均公共支出
均　值	0.037	0.036	1 552	266
中位数	0.037	0.037	1 386	204
最大值	0.058	0.053	4 950	901
最小值	0.0140	0.020	511	66
标准误差	0.010	0.007	716	189
偏　度	−0.052	0.014	1.496	1.304
峰　度	2.461	2.744	6.569	4.276
观测值	140	140	140	140

3. 预算内外平均宏观税负数据的描述性统计

(1) 1987—2006 年预算内外平均宏观税负数据的描述性统计。

根据表 6.31 可以很直观地看到,1987—2006 年预算内外平均宏观税负的均值是 0.14,中位数是 0.116,最大值是 0.307,最小值是 0.078,标准误差是 0.056;加权的预算内外平均宏观税负的均值是 0.141,中位数是 0.109,最大值是 0.269,最小值是 0.088,标准误差是 0.054;人均生产总值的均值是 1 287,中位数是 1 088,最大值是 4 950,最小值是 369,标准误差是 728;人均公共支出的均值是 221,中位数是 161,最大值是 901,最小值是 58,标准误差是 173。

表 6.31　西部地区 1987—2006 年预算内外平均宏观税负数据的描述性统计

	预算内外平均 宏观税负	加权的预算内外 平均宏观税负	人均生产总值	人均公共支出
均　值	0.140	0.141	1 287	221
中位数	0.116	0.109	1 088	161
最大值	0.307	0.269	4 950	901
最小值	0.078	0.088	369.290 0	58
标准误差	0.056	0.054	728	173
偏　度	1.106	0.835	1.535	1.720
峰　度	3.146	1.971	6.491	5.778
观测值	200	200	200	200

（2）分税制改革前预算内外平均宏观税负数据的描述性统计。

根据表 6.32 可以很直观地看到，1987—1992 年预算内外平均宏观税负的均值是 0.213，中位数是 0.215，最大值是 0.299，最小值是 0.134，标准误差是 0.039；加权的预算内外平均宏观税负的均值是 0.219，中位数是 0.222，最大值是 0.269，最小值是 0.186，标准误差是 0.017；人均生产总值的均值是 670，中位数是 722，最大值是 1 099，最小值是 369，标准误差是 172；人均公共支出的均值是 117，中位数是 110，最大值是 199，最小值是 58，标准误差是 44。

表 6.32　西部地区 1987—1992 年预算内外平均宏观税负数据的描述性统计

	预算内外平均宏观税负	加权的预算内外平均宏观税负	人均生产总值	人均公共支出
均　值	0.213	0.219	670	117
中位数	0.215	0.222	722	110
最大值	0.299	0.269	1 099	199
最小值	0.134	0.186	369	58
标准误差	0.039	0.017	172	44
偏　度	0.142	0.370	−0.106	0.257
峰　度	2.908	2.957	2.437	1.691
观测值	60	60	60	60

（3）分税制改革后预算内外平均宏观税负数据的描述性统计。

根据表 6.33 可以很直观地看到，1994—2006 年预算内外平均宏观税负的均值是 0.105，中位数是 0.104，最大值是 0.144，最小值是 0.078，标准误差是 0.015；加权的预算内外平均宏观税负的均值是 0.104，中位数是 0.103，最大值是 0.128，最小值是 0.088，标准误差是 0.008；人均生产总值的均值是 1 605，中位数是 1 444，最大值是 4 950，最小值是 547，标准误差是 713；人均公共支出的均值是 277，中位数是 218，最大值是 901，最小值是 66，标准误差是 191。

表 6.33 西部地区 1994—2006 年预算内外平均宏观税负数据的描述性统计

	预算内外平均宏观税负	加权的预算内外平均宏观税负	人均生产总值	人均公共支出
均　值	0.105	0.104	1 605	277
中位数	0.104	0.103	1 444	218
最大值	0.144	0.128	4 950	901
最小值	0.078	0.088	547	66
标准误差	0.015	0.008	713	191
偏　度	0.362	0.221	1.490	1.219
峰　度	2.223	2.812	6.587	4.036
观测值	130	130	130	130

6.3.2 估计结果

1. 一般预算内平均宏观税负竞争的回归结果

根据表 6.34 给出的回归结果,可以很直观地看到在 1978—2006 年的预算内平均宏观税负竞争模型中,税收竞争反应系数为 0.88,在 1% 水平上显著为正,且标准误差很小,仅为 0.011;人均生产总值对预算内平均宏观税负的回归系数在 1% 水平上显著为正;人均公共支出对预算内平均宏观税负的回归系数在 1% 水平上显著为负;R^2 和调整的 R^2 均为 0.977,说明模型的拟合效果很好。在 1978—1992 年的回归模型中,税收竞争反应系数为 0.839,在 1% 水平上显著为正,且标准误差较小,为 0.011;人均生产总值对预算内平均宏观税负的回归系数在 1% 水平上显著为正;人均公共支出对预算内平均宏观税负的回归系数在 1% 水平上显著为负;R^2 和调整的 R^2 均为 0.996,说明模型的拟合效果非常好。在 1994—2006 年的回归模型中,税收竞争反应系数为 1.244,在 1% 水平上显著为正,且标准误差很小,仅为 0.01;人均生产总值对预算内平均宏观税负的回归系数在 1% 水平上显著为负;人均公共支出对预算内平均宏观税负的回归系数在 1% 水平上显著为正;R^2 和调整的 R^2 均为 0.999,说明模型的拟合效果非常好。

表 6.34　西部地区预算内平均宏观税负竞争的回归结果

自变量	因变量：预算内平均宏观税负					
	1978—2006 年		1978—1992 年		1994—2006 年	
回归常数	0.038*** (0.004)		−0.041*** (0.006)		0.012*** (0.000 7)	
加权的预算内平均宏观税负	0.619*** (0.03)	0.88*** (0.011)	0.839*** (0.011)	0.818*** (0.037)	0.858*** (0.017)	1.244*** (0.01)
人均生产总值	−1.42E-05*** (2.48E-06)	1.01E-05*** (1.75E-06)	9.72E-05*** (4.32E-06)	2.79E-05** (1.09E-05)	−3.72E-06*** (7.40E-07)	−1.63E-05*** (8.03E-07)
人均公共支出	6.09E-05*** (1.52E-05)	−2.82E-05*** (8.69E-06)	−0.000 4*** (2.88E-05)	0.000 4*** (4.58E-05)	1.84E-05*** (2.29E-06)	4.29E-05*** (2.38E-06)
R^2	0.933	0.977	0.996	0.998	0.999	0.999
调整的 R^2	0.93	0.977	0.996	0.997	0.999	0.999
D.W 统计	1.33	1.17	1.58	1.95	2.05	1.86
观测值	261	261	135	135	143	143
截面数	9	9	9	9	11	11
回归方法	Panel EGLS(Cross-section SUR)，Cross-section fixed		Panel EGLS(Cross-section SUR)，Cross-section fixed		Panel EGLS(Cross-section SUR)，Cross-section fixed	

注：括号中的数字是标准误差；***，**，* 分别表示在 1%，5% 和 10% 水平上显著。

三个模型中的税收竞争反应系数均为正值,说明西部地区各地方政府间的预算内平均宏观税负竞争是同方向的。另外,分税制改革以后的税收竞争反应系数远远大于分税制改革以前,说明分税制改革以后西部地区各地方政府间的预算内平均宏观税负竞争日益激烈。

2. 预算外平均宏观税负竞争的回归结果

根据表 6.35 给出的回归结果,可以很直观地看到在 1987—2006 年的预算外平均宏观税负竞争模型中,税收竞争反应系数为 0.984,在 1% 水平上显著为正,且标准误差很小,仅为 0.002;人均生产总值对预算外平均宏观税负的回归系数在 1% 水平上显著为正;人均公共支出对预算外平均宏观税负的回归系数在 1% 水平上显著为负;R^2 和调整的 R^2 均为 0.999,说明模型的拟合效果非常好。在 1987—1992 年的回归模型中,税收竞争反应系数为 0.897,在 1% 水平上显著为正,且标准误差较小,仅为 0.085;人均生产总值对预算外平均宏观税负的回归系数为负值,结果不显著;人均公共支出对预算外平均宏观税负的回归系数在 5% 水平上显著为正;R^2 是 0.930,调整的 R^2 是 0.927,说明模型的拟合效果很好。在 1993—2006 年的回归模型中,税收竞争反应系数为 0.968,在 1% 水平上显著为正,且标准误差很小,仅为 0.007;人均生产总值对预算外平均宏观税负的回归系数在 1% 水平上显著为正;人均公共支出对预算外平均宏观税负的回归系数在 1% 水平上显著为负;R^2 和调整的 R^2 均为 0.995,说明模型的拟合效果非常好。

三个模型中的税收竞争反应系数均为正值,说明西部地区各地方政府间的预算外平均宏观税负竞争是同方向的。另外,分税制改革以后的税收竞争反应系数要略大于分税制改革以前,说明分税制改革以后西部地区各地方政府间的预算外平均宏观税负竞争还是要比分税制改革以前激烈。

3. 预算内外平均宏观税负竞争的回归结果

根据表 6.36 给出的回归结果,可以很直观地看到在 1987—2006 年的预算内外平均宏观税负竞争模型中,税收竞争反应系数为 0.986,在 1% 水平上显著为正,且标准误差很小,仅为 0.003;人均生产总值对预算内外平均宏观税负的回归系数在 1% 水平上显著为负;人均公共支出对预算内外平均宏观税负的回归系数

表6.35 西部地区预算外平均法规税负竞争的回归结果

因变量：预算外平均法规税负

自变量	1987—2006年		1987—1992年		1993—2006年	
回归常数	-0.002** (0.000 9)		0.053*** (0.017)		0.004*** (0.001)	
加权的预算内宏观税负	0.991*** (0.008)	0.984*** (0.002)	0.431*** (0.161)	0.897*** (0.085)	0.888*** (0.037)	0.968*** (0.007)
人均生产总值	7.53E-06*** (8.83E-07)	1.65E-06*** (2.99E-07)	-3.36E-05*** (1.16E-05)	-1.81E-05 (1.11E-05)	1.79E-06*** (3.94E-07)	4.33E-06*** (3.54E-07)
人均公共支出	-3.10E-05*** (3.27E-06)	-7.52E-06*** (1.48E-06)	0.000 3*** (6.25E-05)	0.000 2** (7.11E-05)	-9.31E-06*** (2.03E-06)	-2.07E-05*** (1.44E-06)
R^2	0.998	0.999	0.950	0.930	0.998	0.995
调整的 R^2	0.998	0.999	0.948	0.927	0.997	0.995
D.W统计	1.46	1.32	1.94	1.90	1.90	1.65
观测值	200	200	60	60	140	140
截面数	10	10	10	10	10	10
回归方法	Panel EGLS(Cross-section SUR), Cross-section fixed		Panel EGLS(Period SUR)		Panel EGLS(Cross-section SUR), Cross-section fixed	

注：括号中的数字是标准误差；***、**、* 分别表示在1%、5%和10%水平上显著。

表 6.36　西部地区预算内外平均宏观税负竞争的回归结果

自变量	因变量：预算内外收入之和的平均宏观税负					
	1987—2006 年		1987—1992 年		1994—2006 年	
回归常数	0.007*** (0.002)		0.433*** (0.073)		0.024*** (0.003)	
加权的预算外平均宏观税负	0.930*** (0.006)	0.986*** (0.003)	−0.885** (0.341)	1.01*** (0.066)	0.785*** (0.029)	1.11*** (0.002)
人均生产总值	5.81E-06*** (1.66E-06)	−3.45E-06*** (7.69E-07)	−0.000 2*** (2.66E-05)	−4.85E-05* (2.56E-05)	−7.81E-07 (6.98E-07)	−9.51E-06*** (2.23E-07)
人均公共支出	−2.49E-05*** (6.09E-06)	1.91E-05*** (3.63E-06)	0.000 6*** (0.000 1)	0.000 2 (0.000 1)	2.98E-06* (1.79E-06)	1.73E-05*** (1.01E-06)
R^2	0.999	0.999	0.960	0.912	0.999	0.999
调整的 R^2	0.999	0.999	0.953	0.909	0.999	0.999
D.W 统计	1.57	1.33	1.93	1.75	2.00	1.72
观测值	200	200	60	60	130	130
截面数	10	10	10	10	10	10
回归方法	Panel EGLS(Cross-section SUR), Cross-section fixed		Panel EGLS(Period SUR), period fixed	Panel EGLS(Cross-section SUR), Cross-section fixed	Panel EGLS(Cross-section SUR), Cross-section fixed	

注：括号中的数字是标准误差；****、***、**、* 分别表示在 1%、5% 和 10% 水平上显著。

在 1% 水平上显著为正;R^2 和调整的 R^2 均为 0.999,说明模型的拟合效果非常好。在 1987—1992 年的回归模型中,税收竞争反应系数为 1.01,在 1% 水平上显著为正,且标准误差较小,仅为 0.066;人均生产总值对预算内外平均宏观税负的回归系数在 10% 水平上显著为负;人均公共支出对预算内外平均宏观税负的回归系数为正值,结果不显著;R^2 是 0.912,调整的 R^2 是 0.909,说明模型的拟合效果很好。在 1994—2006 年的回归模型中,税收竞争反应系数为 1.11,在 1% 水平上显著为正,且标准误差很小,仅为 0.002;人均生产总值对预算内外平均宏观税负的回归系数在 1% 水平上显著为负;人均公共支出对预算内外平均宏观税负的回归系数在 1% 水平上显著为正;R^2 和调整的 R^2 均为 0.999,说明模型的拟合效果非常好。

三个模型中的税收竞争反应系数均为正值,说明西部地区各地方政府间的预算内外平均宏观税负竞争是同方向的。分税制改革以后的税收竞争反应系数略大于分税制改革以前,说明分税制改革以后,西部地区各地方政府间的预算内外平均宏观税负竞争还是比以前激烈。

6.4 本章小结

考虑到中国是一个经济发展极其不平衡的国家,而税收竞争又更容易在经济政治环境类似、地理位置接近的省份间展开,为了防止上一章对中国 31 个地方政府间税收竞争反应函数估计的结果出现偏颇,本章将全国划分为东、中、西部三大地区,运用面板数据分别估计了这三大地区内部的税收竞争反应函数,发现 R^2 和调整的 R^2 均非常理想,模型的解释力大大增强。

东、中、西部三大地区所有模型中的税收竞争反应函数都是正值,这说明无论是预算内平均宏观税负竞争、预算外平均宏观税负竞争,还是预算内外平均宏观税负竞争,东、中、西部三大地区内部各地方政府间采取的都是同方向的竞争策略行为,在现实中都表现为,为了吸引流动要素的进入,进一步下调本地区的平均宏观税负。

东部 11 个地方政府(海南除外)基本上都位于沿海地区,改革开放以来,享受了中央政府所给予的极为特殊的税收优惠政策,经济也相比内陆和偏远省份获得了长足的发展,无论是人均生产总值还是人均公共支出方面都位居全国前列。根据回归所得到的结果,发现所有模型中的税收竞争反应系数均为正值,东部地区这些发达的省份之间存在着同方向的税收竞争策略行为。但是分税制改革以后,东部地区各省市间的预算内平均宏观税负竞争反应系数要小于分税制改革以前,由 0.615 下降到了 0.522,这个结果说明分税制改革以后,东部地区各地方政府间的预算内平均宏观税负竞争依然存在,且还是同方向的,但是竞争的激烈程度有所下降。而预算外平均宏观税负和预算内外平均宏观税负竞争的反应系数在分税制改革以后都增大了,分别由 0.473 增加到了 0.906,由 0.433 增加到了 0.638,说明东部地区各地方政府间在分税制改革以后预算外平均宏观税负竞争变得更加激烈,税负竞争的程度在总体上也要比分税制改革以前强。人均生产总值对预算内平均宏观税负和预算内外平均宏观税负的回归系数均在 1% 水平上显著为正,但是与预算外平均宏观税负却没有严格的对应关系。而人均公共支出与预算内平均宏观税负、预算外平均宏观税负和预算内外平均宏观税负均无严格的对应关系。

中部地区 8 个省份地处内陆,在税收上中央也没有给过什么特殊的优惠政策,但是为了促进当地的经济发展,它们也在各自的权限范围内展开了或强或弱的税收竞争。所有模型中的税收竞争反应系数均为正值,说明中部地区各地方政府间采取的也是同方向的税收策略行为。分税制改革以后,预算内平均宏观税负竞争的反应系数由 0.688 上升到了 1.052,预算外平均宏观税负竞争的反应系数由 0.523 上升到了 1.19,预算内外平均宏观税负竞争的反应系数由 0.648 上升到了 1.20,较之分税制改革以前,所有税收竞争反应系数都大幅度增加了,说明中部地区各地方政府间税收竞争的激烈程度大大增强。人均生产总值分别对预算内平均宏观税负、预算外平均宏观税负、预算内外平均宏观税负的回归系数均为负值,且大多数在 1% 水平上显著,只有个别结果不显著。人均公共支出分别对一般预算内平均宏观税负、预算外平均宏观税负和预算内外平均宏观税负的回归系数均为正值,且结果都很显著。

西部地区 11 个省份(西藏、重庆除外)的经济发展水平都不是很高,人均生产总值和人均公共支出水平均属落后省份之列,但它们为了拉动当地的经济增长,相互之间也展开了税收竞争。所有模型中的税收竞争反应系数均为正值,说明西部地区各省市间也是通过实施减税策略来达到吸引流动要素进入的目的。分税制改革以后,预算内平均宏观税负竞争的反应系数由 0.839 上升到了 1.244,预算外平均宏观税负竞争的反应系数由 0.897 上升到了 0.968,预算内外平均宏观税负竞争的反应系数由 1.01 上升到了 1.11,较之分税制改革以前,所有的税收竞争反应系数都有了一定程度的增加,说明分税制改革以后西部地区各地方政府间的税收竞争也变得更加激烈了。人均生产总值与预算内平均宏观税负和预算外平均宏观税负没有严格的对应关系,但是对预算内外平均宏观税负的回归系数显著为负。人均公共支出与预算内平均宏观税负和预算外平均宏观税负也没有严格的对应关系,但是对预算内外平均宏观税负的回归系数为正值。

东、中、西部地区内部各地方政府间都存在着激烈的正向的税收竞争,但是竞争的强度还是有差异的。从整体上来看,预算内平均宏观税负竞争最激烈的地区是东部,其次是西部,最后是中部;预算外平均宏观税负竞争最激烈的地区是西部,其次是中部,最后是东部,不过税收竞争反应系数的值差别不是很明显;预算内外平均宏观税负竞争最激烈的地区是西部,其次是中部,最后是东部。再对比分税制改革前后税收竞争的情形。分税制改革前,预算内平均宏观税负竞争、预算外平均宏观税负竞争、预算内外平均宏观税负竞争最激烈的地区都是西部,其次是中部,最后是东部;分税制改革以后,预算内平均宏观税负竞争最激烈的地区是西部,其次是中部,最后是东部;预算外平均宏观税负竞争和预算内外平均宏观税负竞争最激烈的地区都是中部,其次是西部,最后是东部。由此可见,在中国越是经济落后的地区,税收竞争越是激烈。虽然东部地区也客观存在着正向的税收竞争,但是各地方政府间的税收竞争相对于西部地区和中部地区要温和得多。沈坤荣、付文林(2006)认为,地区间税收竞争从根本上说,与产品市场竞争是类似的,在经济发展水平较低的阶段,竞争策略主要是直接的价格(税率)竞争方式;而在经济达到一定的发展水平之后,会更倾向采取公共服务竞争方式。虽然东部地区的税收竞争相对西部和东部地区要显得温和很多,但是东部各地方政府在其他方面的竞争却要激烈得多,如公共服务的水平、质量等,这也是吸引流动要素、促进当地经济发展的非常重要的手段,而且是比税收策略更为高级的竞争形式。

第 7 章

结论与政策建议

7.1 全书主要结论

本书根据财政分权理论和税收竞争理论,运用实证分析为主、规范分析为辅,定性分析和定量分析相结合,归纳以及比较研究的方法,对中国这样一个大国的众多地方政府间的税收竞争问题作了研究。全书得到的主要结论如下:

第一,综合国内外学者的观点,本书对税收竞争作了如下定义:税收竞争是各具有相对独立政治经济利益的政府,通过竞相降低有效税率或者实施税收优惠的方式,以吸引其他地区的流动性生产要素进入本地区的自利行为。本书对中国地方政府间税收竞争的研究正是基于这一内涵。本书还对税收竞争与政府竞争、财政竞争进行了明确区分。

第二,本书的理论基础主要是财政分权理论和税收竞争理论。财政分权是开展国内税收竞争的一个前提条件,而所有的税收竞争理论都可以归结为税收竞争有效理论和税收竞争无效理论两个方面。税收竞争究竟是有效还是无效至今都是一个争论不休的话题,学者们基于不同的假设前提,得出了不同的结论。在实践中,针对税收竞争也有不同的做法,美国是典型的鼓励开展税收竞争的国家,而欧盟、OECD 则反对税收竞争,主张进行税收协调。

第三,分析了中国地方政府间开展税收的制度背景,并将这些制度背景归结为四个方面:改革开放以后,中国实行经济体制转轨,从计划经济渐进过渡到市场经济,这使得原先仅作为中央政府派出单位的各地方政府逐步有了自己相对独立的政治经济利益;财政税收体制由"统收统支"转为"分级包干",1994 年又进行了"分税制"改革,各级地方政府手中有了一定的财权和事权,但是税收立法权还是牢牢掌控在中央政府手中;中国自 1979 年以来实行的是区域性税收优惠政策,地方政府间规范(制度内)的税收竞争战略行为主要就体现在对税收优惠政策的争夺和运用上面;改革开放以后政府官员的政绩考核评价体系中设立的一个重要指标是经济发展水平,这个指标是可以量化的,GDP 指标逐步转变为了"准干部考核指标",官员们为了自己的升迁,有动力通过开展税收竞争来拉动当地的经济增长水平。通过税收竞争制度背景的分析,可以看到,一方面是地方政府税收立法权的缺失,一方面是改革开放以后建立的各种制度都在激励地方政府相互之间展开税收竞争从而推动经济的增长,由此可以得出这样的结论:在现行的制度框架下,中国地方政府之间必然会展开税收竞争,但是由于地方政府税收立法权的缺失,规范的税收竞争只能体现在区域性税收优惠政策的争夺和运用上面,而占主体的税收竞争都体现在制度外。这是运用定性分析的方法得出的结论。

第四,与国内的同类研究作了比较。本书主要是以实证研究为主,国际上关于税收竞争的研究也已由原来的主要进行理论研究转变为现在的以实证研究为主,而国内关于税收竞争的实证研究还不是很多,通过估计税收竞争反应函数来证明税收竞争的存在性,目前国内只有南京大学的沈坤荣、付文林(2006)做过此类研究,需要说明的是,他们使用的是截面数据。为了与沈坤荣、付文林(2006)的研究结果进行对照,本书专门用了一章的篇幅利用截面数据来估计税收竞争反应函数。本书运用截面数据得到的结论与沈坤荣、付文林(2006)的研究结果存在很大的差异:虽然两篇论文得到的税收竞争反应系数均非零,都肯定了中国地方政府之间存在着税收竞争,但是沈坤荣、付文林(2006)的研究结果表明,除了 1992 年的模型中,以铁路距离权重和铁路与 GDP 混合权重加权的平均预算外负担的竞争反应系数为正值外,其余模型中的税收竞争反应系数一律为负,这意味着当其他竞争性区域通过减税来吸引流动性要素进入时,给定地区的反应是增加税收,反之亦然,这与中国的现实情况明显不相符;本书得到的税收竞争反应系数,无论是预算内、预算外,还是预算内与预算外的综合,无论是 1992 年(分税制改革前)还是 2006 年(分税制改革后),一律在 1% 的水平上显著为正,这说明当其他竞争性省份采取减税措施来吸引流动要素的进入从而推动当地的经济增长时,给定省份的反应是也采取减税措施,反之亦然,这与中国的现实情况是相吻合的。同样是运用截面数据对税收竞争作实证研究,为何结果却迥然相异? 笔者分析原因有三:其一,沈坤荣、付文林(2006)设置的模型中并没有截距项,这也是国际上通行的做法,但是在他们的估计结果中却出现了回归常数项。这在技术上是一个很大的失误,因为税率是一个远远小于 1、接近于 0 的比值,模型设置中有常数项和没有常数项会对回归结果产生方向性偏差。通常情况下,若解释变量接近于 0,应设置无截距项的模型。其二,虽然两篇论文都是遵循国际上通行的做法,将计量经济模型设置为线性的形式,但是在控制变量的选取上,略有不同。沈坤荣、付文林(2006)选取给定省份的人均 GDP、政府部门职工人数在总人口中的比重和在校学生人数占总人口的比重来作为控制变量,而本书选取给定省份的人均生产总值和人均公共支出来作为控制变量。其三,沈坤荣、付文林(2006)在回归的时候采用的是似然不相关法,而本书采取的是加权最小二乘法。模型设置中有无截距项是两个研究结果出现差异的根本性原因,而控制变量和估计方法选取的不同最多只会对税收竞争反应系数值的大小产生影响,但不会导致方向性偏差。

第五,本书运用面板数据对各地方政府间的税收竞争反应系数作了估计,由此得到的结论要比截面数据模型得到的估计结果可靠得多。因为税收竞争毕竟是一个动态的过程,各地方政府间的税收竞争战略行为是多次重复性博弈,而非一次性博弈的结果,所以截面数据模型的估计难免会有失偏颇。面板数据模型的估计结果表明:无论是在预算内平均宏观税负、预算外平均宏观税负模型中,还是在预算内外收入之和的平均宏观税负模型中,各地方政府间的税收竞争反应系数均在 1% 的水平上显著为正,这说明中国各地方政府间在预算内、预算外和预算内外收入之和的平均宏观税负上均存在着同方向的税收竞争,这与前面截面数据模型的结论是一致的。另外,无论是在一般预算内平均宏观税负、预算外平均宏观税负模型中,还是在预算内外收入之和的平均宏观税负模型中,分税制改革以后的税收竞争反应系数均大于分税制改革以前的税收竞争反应系数,这说明中国各地方政府间的税收竞争在分税制改革以后变得更加激烈了。

第六,考虑到中国是一个区域经济发展极其不平衡的国家,本书运用面板数据分别对东、中、西三地区内部各自的税收竞争反应函数作了估计,得到了如下结论:无论是在预算内平均宏观税负、预算外平均宏观税负模型中,还是在预算内外收入之和的平均宏观税负模型中,东、中、西部地区内部各自的税收竞争反应系数均在 1% 水平上显著为正,这说明到目前为止,东、中、西部地区内部各地方政府间采取的依然是同方向的税收竞争策略行为。除了东部地区的预算内平均宏观税负竞争模型中的税收竞争反应系数在分税制改革以后小于分税制改革以前以外,其他所有的税收竞争反应系数均是分税制改革以后大于分税制改革以前,这说明除了东部地区的预算内平均宏观税负竞争在分税制改革以后变得越来越弱外,东、中、西部地区其余的税收竞争均在分税制改革以后变得越来越激烈。另外,还有一个非常重要的发现,那就是在中国越是经济落后的地区,税收竞争越是激烈,从对回归结果的比较来看,基本上西部地区的税收竞争程度最高,中部地区次之,东部地区虽然也是存在着正向的税收竞争,但是竞争的程度却相对要温和得多。可见,经济发展水平越高,政府就越是会倾向于采取其他的高级竞争手段来推动当地的经济增长,如提供更好的公共服务、提高政府的工作效率,这些也都是资本和劳动在流动中非常看重的方面。

7.2　政策建议及研究展望

7.2.1　政策建议

要对中国地方政府间的税收竞争问题提出政策建议,首先要弄清楚的就是税收竞争的好坏或利弊。关于税收竞争究竟是好还是坏的判断,不同的理论基于不同的假设前提,得出的结论迥然相异,谁也说服不了谁。在现实经济生活中,不同的国家或组织对税收竞争所持的态度也大相径庭。美国、加拿大等国家内部的各地区之间都存在着激烈的税收竞争,联邦政府除了对地方政府之间的税收策略行为加以规范和引导以外,并未有过限制税收竞争的举措。但是世界上也有一些国家或组织明确反对税收竞争,认为税收竞争是有害的,主张进行税收协调。欧盟、联合国、经济合作与发展组织都提出了不同的税收协调(tax harmonization)计划来阻止劳动力和资本流向市场导向的经济体。经济合作与发展组织20世纪90年代发起了一个"有害税收竞争"活动,确定了40多个所谓的避税港。①欧盟强烈反对税收竞争,强制对增值税、能源税、特许权税进行不同程度的协调。联合国呼吁创建一个国际税收组织,这个新的机构将有权力凌驾于独立国家的税收政策之上,并专门负责减少税收竞争。

几个诺贝尔奖获得者也对税收竞争作出了评论。布坎南(James Buchanan)指出"一个真正的联邦结构下出现的政府间竞争本质上是'有效率的',并且在各分别的单位之间进行的税收竞争……是运用自己的权力来寻求一个目标"。与此同时,弗里德曼(Milton Friedman)写道,"国家政府之间在他们提供的公共服务和强制征收的税收上的竞争,与个人或企业在他们为销售提供的物品和服务、他们提供这些物品和服务的价格上的竞争是完全一样具有生产性的"。贝克尔(Gary Becker)说"……通过限制每个国家强有力的、贪婪的集团和政治家以大多数人的利益为代价,来强制按照他们的意愿征税的能力,国家之间的竞争倾向于产生一竞到顶而不是一竞到底"。

那么,关于中国的税收竞争究竟是好还是坏,国内的学者们又有一些什么样的观点呢?黄春蕾(2004)认为国内横向税收竞争是一把"双刃剑",好的效应和坏的效应同时并存。葛夕良(2005)认为中国改革开放后二十多年的税收竞争确实带来了一定的好处,但是从总体上,由于其不规范、变相程度远远大于规范程度,

① 倡导信息共享和其他形式的税收协调的人,将会承认这样的政策阻碍了资本的有效流动。参见 Keen、Michael 和 Jenny E. Ligthart, "Cross-Border Savings Taxation in the European Union: An Economic Perspective," *Tax Notes International*, February 9, 2004。

所以其有害程度要比有益程度大得多。其他很多学者如林晓维(2004)、刘笑萍(2005)等都对中国国内税收竞争的正负效应作过分析,这里不再一一列举。

中国是一个单一制国家,税收立法权高度集中在中央政府手中,而判断一国是否存在规范的或制度内税收竞争,关键是看一国地方辖区政府是否拥有税权,尤其是税收立法权,因为规范的税收竞争与税收立法权高度相关。因此,从税收立法权的角度可以看出,中国地方政府间的制度内税收竞争是非常弱的。但是,本书三章的实证分析表明,中国地方政府间无论是税收竞争反应函数的截面估计,还是税收竞争反应函数的面板估计,其斜率基本上都显著为正,且税收竞争反应系数的值较大,这说明中国地方政府间的税收竞争是非常激烈的。既然激烈的税收竞争中只有微弱的制度内税收竞争(主要体现在对区域性税收优惠政策的争夺上),那么由此可以推断出,中国地方政府间的税收竞争主要都体现在制度外税收竞争上面。也就是说,中国地方政府间的税收竞争规范性弱,不规范性强。

本书是关于中国地方政府间税收竞争客观存在性的实证研究,所以对税收竞争利弊的讨论不是本书研究的重点,但是应该承认在中国现行的制度设计下,地方政府间存在着激烈的税收竞争是一个不可回避的客观事实,本书的实证研究已经给出了非常明确的证据。任何竞争行为本身就是利弊共存的,税收竞争也不例外。不过,中国地方政府间的税收竞争究竟是利大于弊,还是弊大于利,各位学者莫衷一是,也没有人从实证上给出过答案。以下结合关于税收竞争的制度背景分析和实证研究的内容,从规范地方政府间税收竞争、提高资源配置效率的角度提出几点政策建议。

1. 建立科学的民主决策机制

笔者认为判断地方政府间税收竞争好坏的一个重要标准应是,税收竞争的结果是增进还是损害了人民的福利水平,若增进了人民的福利水平,则税收竞争总体上是有利的,反之,则是有害的。这就要求各级政府在进行税收竞争战略选择的时候,必须把老百姓的利益放在首位,科学民主地进行决策。根据"经济人"假设,政府官员都是自私的,他们的目标函数中占重要比例的是自己的声誉、仕途等,因此,需要通过宪法和法律对各级政府的财政行为加以约束。在进一步扩大立法的基础上,加强执法力度,强化法制观念,将各级政府间有关权利的划分在法律上予以明确。更为重要的是在进一步完善各级人民代表大会制度的基础上,切实发挥其代表本级居民真正表达偏好的枢纽作用。并代表公民对公共政策进行民主评议、民主监督、民主制约,将政府行为尤其是财政行为置于居民的监督之中,从而在政策制定的源头避免恶性税收竞争,鼓励健康的税收竞争(薛钢等,2000)。

2. 按照市场经济体制的要求推进财政分权

中国现行的分税制是一种不彻底的分税制,实质上是一种以授权为主、分权为辅的财政管理体制。正是因为在正式的制度框架内,各地方政府难以运用合理、合法的手段对本辖区税收工具进行调整,以适应有关情况的变化,不得不在具体执行中运用各种不合理不合法的手段去处理这些问题。真正分权的财政体制如果能够配合有效的财政均衡机制,可以弱化不均衡的财政体制产生的巨大诱因,最终减少非健康的税收竞争行为发生。过于集中的财政体制貌似可以杜绝各级地方政府机会主义行为的泛滥,实则导致了更多的制度外的创新,结果将更难控制(薛钢等,2000)。

3. 改革和完善税收立法体制

税收立法权的配置主要包括横向配置和纵向配置两个方面,其中,横向配置是指税收立法权在权力机关和行政机关之间的分配,而纵向配置是指税收立法权在中央权力机关和地方权力机关之间、中央政府与地方政府之间、国家税务总局与地方税务机关之间的分配。要使税收竞争走向规范化,就必须完善税收立法体制。而完善横向配置的税收立法权,就必须完善《宪法》中的税收条款,将税收法定主义列入宪法,并将税权横向配置的具体界限在"税收基本法"中加以明确界定;而对纵向配置的税收立法权的完善,主要应该做到:按照"适度集中、合理分权"的原则,在国家集权的基础上,适当下放部分税权;以立法形式清楚界定政府间事权范围,为政府间税权划分的规范性及稳定性提供制度基础(上海财经大学公共政策研究中心,2007)。

4. 建立区域间的税收利益协调机制

完善财政转移支付制度,缓解地方利益冲突,减少不公平税收竞争。加强地区间税收信息的沟通,全面、及时、准确地了解税源的地区间流动与分布情况,加强合作,共同打击偷逃税。在组织方面,建议建立国家协调地区间税收利益的专门机构,具体负责协调和解决地区间税收利益的矛盾与冲突,拟订有害税收竞争行为的判断标准与惩罚措施及方式,并在报全国人大批准后负责具体执行(黄春蕾,2004)。

5. 树立科学的政绩观,改革官员政绩考核标准

地区间恶性税收竞争,与政府官员不恰当的政绩观和现阶段不恰当的政绩考核标准是分不开的。在"GDP 挂帅"的政绩导向下,一些官员为了吸引投资,提高本地区的 GDP,不惜牺牲本地区未来利益和国家利益,通过透支发展来出政绩。所以在相当大的程度上,地区间税收竞争不仅是地区经济社会发展的竞争,也是官员们政绩上的竞争。为此,应大力提倡科学的政绩观,摒弃以 GDP 为中心的政绩观。必须通过制定更全面的政府官员政绩考核制度,完善官员选拔任用制度,形成官员合理的长期预期与长期行为,使之更加关注地方社会经济的可持续性发展(贾康等,2007)。

7.2.2 研究展望

关于中国国内税收竞争问题的研究,笔者通过近两年来对这一课题的持续跟踪,发现还有以下领域鲜有人涉猎,值得研究。

第一,继续拓展中国国内税收竞争的实证研究。目前的研究(包括本书在内)主要集中在估计税收竞争反应函数、考察各政府间进行税收竞争博弈的战略交互作用、寻找关于税收竞争存在性的证据方面,而很少有人估计税率水平和结构对要素流动的效应。各级具有相对独立政治经济利益的政府间开展税收竞争的一个主要目的就是争夺流动要素,推动当地的经济增长,所以研究税收竞争对各流动要素的影响具有重大的理论意义和现实意义。

第二,如何完善中国国内税收竞争的制度环境。与所有其他涉及竞争的问题一样,税收竞争也要有一套可遵守的制度,所有的政府竞争主体都要按照已经构建好的规则与秩序参与税收竞争,违背既定的规则和秩序就要受到惩罚。如果税收竞争的规则与秩序构建得不好,甚至存在缺失的情形,竞争活动就会呈现出无序、混乱的特点,这势必会影响到国民经济的长期增长,对人民的福利造成损害。中国各地方政府之间在开展税收竞争的时候遵循的是什么样的规则? 这些规则合理吗? 这些规则的价值理念是什么? 中国的税收竞争制度是否存在缺失的情形? 中国和其他国家的税收竞争制度有哪些差异? 中国税收竞争制度有哪些缺陷,如何加以改进? 这些问题都是非常值得研究的命题。

参 考 文 献

奥尔森.国家兴衰探源[M].北京:商务印书馆,1993.

奥尔森.集体行动的逻辑[M].上海:上海三联书店&上海人民出版社,1995.

曹荣湘,主编.蒂博特模型[M].北京:社会科学文献出版社,2004.

道格拉斯·C.诺思,著.刘守英,译.制度、制度变迁与经济绩效[M].上海:上海三联书店,1994.

道格拉斯·诺斯,著.陈郁,等 译.经济史中的结构与变迁[M].上海:上海三联书店&上海人民出版社,1994.

邓大才.论政府竞争[J].江苏社会科学,2004(4):124—129.

邓力平,主编:中国税制[M].北京:经济科学出版社,2005.

冯舜华,杨哲英,徐坡岭,等 著.经济转轨的国际比较[M].北京:经济科学出版社,2001.

葛夕良,著.国内税收竞争研究[M].北京:中国财政经济出版社,2005.

国家发展和改革委员会培训中心,组织编写.经济计量分析与Excel应用[M].北京:中国市场出版社,2005.

国家统计局国民经济综合统计司,编.新中国五十五年统计资料汇编:1949—2004[M].北京:中国统计出版社,2005.

何梦笔.政府竞争:大国体制转型理论的分析范式[Z].北京天则经济研究所内部文稿,2000.

胡家勇,等.转型经济学[M].合肥:安徽人民出版社,2003.

胡怡建,编著.税收学[M].上海:上海财经大学出版社,2004.

华民,著.转型经济中的政府[M].太原:山西经济出版社,1998.

黄春蕾.当前我国国内横向税收竞争的实证分析[J].税务与经济,2004(1):
　　51—54.

黄新华,著.中国经济体制改革的制度分析[M].北京:中国文史出版社,2005.

黄焱.国际税收竞争的福利效应分析[J].税务研究,2006(5):9—12.

贾根良,著.演化经济学——经济学革命的策源地[M].太原:山西人民出版社,2004.

贾康,阎坤,著.中国财政:转轨与变革[M].上海:上海远东出版社,2000.

贾康,阎坤,鄢晓发.总部经济、地区间税收竞争与税收转移[J].税务研究,2007
　　(26):12—17.

姜海龙.政府竞争理论述评[J].求索,2004(9):106—107.

靳东升.论国际税收竞争与竞争性的中国税制[J].财贸经济,2003(9):73—80.

卡尔·波普尔,著.赵月瑟,译.波普尔思想自述[M].上海:上海译文出版社,1988.

康芒斯,著.于树生,译.制度经济学(上、下册)[M].北京:商务印书馆,1983.

柯武刚,史漫飞,著.韩朝华,译.制度经济学——社会秩序与公共政策[M].北京:
　　商务印书馆,2000.

劳伦斯·A.博兰,著.王铁生,尹俊骅,陈越,译.批判的经济学方法论.北京:经济
　　科学出版社,2000.

林翰,刘鸿渊.论分税制框架下的税收竞争异化[J].经济体制改革,2006(5):
　　121—125.

林毅夫,著.论经济学方法[M].北京:北京大学出版社,2005.

廖运凤.等.转型时期中国经济改革与发展若干问题研究[M].北京:光明日报出
　　版社,2003.

刘国光,主编.中国经济体制改革的模式研究[M].广州:广东经济出版社,1998.

[中]刘美珣,[俄]列乌斯基·亚历山大·伊万诺维奇,主编.中国与俄罗斯:两种
　　改革道路[M].北京:清华大学出版社,2004.

刘明,郭喜林,周开君,等　编.税收优惠政策总览(修订版)[M].北京:中国税务
　　出版社,2004.

刘伟.转轨经济的国家、企业和市场[M].北京:华文出版社,2001.

刘文革.经济转轨与制度变迁方式比较[M].北京:经济科学出版社,2007.

刘笑萍.国内税收竞争的经济效应分析[J].税务研究,2005(2):85—86.

刘宇飞.当代西方财政学[M].北京:北京大学出版社,2000.

刘佐太.市场竞争论——环境、市场、对策[M].北京:经济管理出版社,2002.

吕炜.转轨的实践模式与理论范式[M].北京:经济科学出版社,2006.

毛增余.斯蒂格利茨与转轨经济学——从"华盛顿共识"到"后华盛顿共识"再到
    "北京共识"[M].北京:中国经济出版社,2005.

门特西若·洒吐,著.沈腊梅,译.税收竞争、寻租与财政分权[J].经济资料译丛,
    2004(1):53—63.

马薇.协整理论与应用[M].天津:南开大学出版社,2004.

欧阳峣,罗会华.大国的概念:涵义、层次及类型[J].经济学动态,2010(8):5.

潘省初,周凌瑶.计量经济分析软件[M].北京:中国人民大学出版社,2005.

青木昌彦,著.周黎安,译.比较制度分析[M].上海远东出版社,2000.

沈坤荣,付文林.税收竞争、地区博弈及其增长绩效[J].经济研究,2006(6):16—26.

2007中国财政发展报告——中国财政分级管理体制的改革与展望[M].上海:上
    海财经大学公共政策研究中心,2007.

[美]唐·埃思里奇,著.朱钢,译.应用经济学研究方法论[M].北京:经济科学出
    版社,1998.

田国强.现代经济学的基本分析框架与研究方法[J].经济研究,2005(2):
    113—125.

万莹.我国区域税收优惠政策绩效的实证分析[J].中央财经大学学报,2006(8):
    12—17.

王文剑,仉建涛,覃成林.财政分权、地方政府竞争与FDI的增长效应[J].管理世
    界,2007(3):13—22.

汪丁丁.制度分析基础讲义Ⅰ:自然与制度[M].上海人民出版社,2005.

汪涛.竞争的演进——从对抗的竞争到合作的竞争[M].武汉:武汉大学出版

社,2002.

王玮.财政分权与我国的政府间财政竞争[M].中国财政经济出版社,2003.

王亚华.水权解释[M].上海:上海三联书店&上海人民出版社,2005.

威廉姆·A.尼斯坎南.官僚制与公共经济学[M].北京:中国青年出版社,2004.

吴玉霞.宏观税负统计口径分析[J].中国统计,2007(5):55—56.

肖炼.协同竞争论——东西方市场竞争理论比较研究[M].北京:中国金融出版
　　社,1991.

维托·坦齐,编,何建雄,等译.经济转轨中的财政政策[M].北京:中国金融出版
　　社,1993.

谢拉·C.道,著.杨培雷,译.经济学方法论[M].上海:上海财经大学出版社,2005.

薛钢,曾翔,董红锋.对我国政府间税收竞争的认识及规范[J].涉外税务,2008
　　(8):13—15.

亚当·斯密,著.郭大力,王亚南,译.国民财富的性质和原因的研究(上、下卷)
　　[M].北京:商务印书馆,1972.

杨虎涛.政府竞争对制度变迁的影响机理研究[M].北京:中国财政经济出版
　　社,2006.

杨之刚,等　著.财政分权理论与基层公共财政改革[M].北京:经济科学出版
　　社,2006.

姚开建,梁小民,主编.西方经济学名著导读[M].北京:中国经济出版社,2005.

易宪容.科斯评传[M].太原:山西经济出版社,1998.

于俊年,编著.计量经济学软件——Eviews的使用[M].北京:对外经济贸易大学
　　出版社,2006.

约翰·福斯特,J.斯坦利·梅特卡夫,主编.贾根良,刘刚,译.演化经济学前
　　沿——竞争、自组织与创新政策[M].北京:高等教育出版社,2005.

约翰·N.德勒巴克,约翰·V.C.奈,编、张宇燕,等　译.新制度经济学前沿[M].
　　北京:经济科学出版社,2003.

张波.中国财政分权问题研究:一个文献综述[J].税务与经济,2006(3):15—17.

参 考 文 献

张靖华.西方财政分权理论综述[J].开发研究,2005(2):114—116.

张五常.经济解释[M].香港:香港花千树出版有限公司,2003.

周克清.政府间税收竞争研究——基于中国实践的理论与经验分析[D].西南财经
　大学博士学位论文,2004.

周克清,郭丽.论我国政府间税收竞争的理论基础及现实条件[J].涉外税务,2003
　(8):13—16.

周业安,冯兴元,赵坚毅.地方政府竞争与市场秩序的重构[J].中国社会科学,
　2004(1):56—65.

庄国波,著.领导干部政绩评价的理论与实践[M].北京:中国经济出版社,2007.

Aleksandra Riedl and Silvia Rocha-Akis. Testing the tax competition theory: How
　elastic are national tax bases in Western Europe? [J]. Editorial Board of the
　Working Papers, 2008:1—28.

Arjan M. Lejour. Tax Competition and Redistribution in a Two-Country Endogenous-
　Growth Model[J]. International Tax and Public Finance, 1997(4):485—497.

Assaf Razin, Chi-Wa Yuen. Optimal International Taxation and Growth Rate Conver-
　gence: Tax Competition vs. Coordination[J]. International Tax and Public Fi-
　nance, 1999(6):61—78.

Case A. C. , Rosen H. S. and Hines J. R. Budget Spillovers and Fiscal Policy Interde-
　pendence:Evidence from the States[J]. Journal of Public Economics 1993(52):
　285—307.

Charles M. Tiebout. A Pure Theory of Local Expenditures[J]. The Journal of Politi-
　cal Economy, 1956, Vol. 64, Issue 5:416—424.

Clemens Fuest, Bernd Huber. Tax competition and tax coordination in a median voter
　model[J]. Public Choice, 2001(107):97—113.

Dan Mitchell. Tax Competition And Fiscal Reform:Rewarding Pro-growth Tax Policy
　[Z]. Working Paper, 2004:1—16.

Daphne A. Kenyon. Theories of Interjurisdictional Competition[J]. New England

Economic Review, 1997, March/April:13—35.

David E. Wildasin. Fiscal Competition: An Introduction[DB/OL]. http://tanstaafl. gws. uky. edu/～wildasin/pub/pub. html.

David E. Wildasin. Fiscal Competition[Z]. IFIR Working Paper Series, 2005:1—16.

Eric Smith. Tax Competition, Income Differentials and Local Public Services[J]. International Tax and Public Finance, 2001(8):675—691.

Friedman Milton. The Methodology of Positive Economics[M]. Chicago: the University of Chicago Press, 1953:3—43.

Glampaolo Arachi. Efficient Tax Competition with Factor Mobility and Trade: A Note[J]. International Tax and Public Finance, 2001(8):171—187.

George R. Zodrow, Peter Mieszkowski. Pigou, Tiebout, Property Taxation, and the Underprovision of Local Public Goods[J]. Journal of Urban Economics, 1986 (19):356—370.

George R. Zodrow. Tax Competition and Tax Coordination in the European Union[J]. International Tax and Public Finance, 2003(10):651—671.

Hannes Winner. Has Tax Competition Emerged in OECD Countries? Evidence from Panel Date[J]. International Tax and Public Finance, 2005(12):667—687.

Hehui Jin, Yingyi Qian, Barry R. Weingast. Regional Decentralization and Fiscal Incentives: Federalism, Chinese Style[Z]. working paper, 1999:1—60.

Hikaru Ogawa. Tax competition, spillovers, and subsidies[J]. Ann Reg Sci, 2006 (40):849—858.

Hylke Vandenbussche, Karen Crabbé, Boudewijn Janssen. Is There Regional Tax Competition? Firm Level Evidence For Belgium[J]. De Economist, 2005(153): 257—276.

I. Daria Crisan An Empirical Investigation of Tax Competition Between Canadian Provinces[Z]. IAPR Technical Paper Series, 2007:1—42.

Jan K. Brueckner. Fiscal Decentralization with Distortionary Taxation: Tiebout vs. Tax

Competition[J]. International Tax and Public Finance, 2004(11):133—153.

Jan K. Brueckner. Strategic Interaction Among Governments: An Overview of Empirical Studies[J]. International Regional Science Review, 2003, 26(2):175—188.

Jan P. A. M. Jacobs, Jenny E. Ligthart, Hendrik Vrijburg. Consumption Tax Competition Among Governments: Evidence from the United States[Z]. Working Paper, 2007:1—34.

John D. Wilson. Tax Competition In A Federal Setting Bocconi University, 2005:1—22.

John Douglas Wilson, David E. Wildasin. Capital Tax Competition: Bane or Boon? [J]. Journal of Public Economics, 2004, Vol. 88, Issue 6:1065—1091.

Jonathan Klick. Intra-Jurisdictional Tax Competition [J]. Constitutional Political Economy, 2005(16):387—395.

Jorge Durán, Charles Figuieres, Alexandra Rillaers. Fiscal Competition And Public Education In Regions[Z]. IVIE working papers, 2004.

Kjetll Bjorvatn. Tax Competition and International Public Goods[J]. International Tax and Public Finance, 2002(9):111—120.

Lars P. Feld. Tax competition and income redistribution: An empirical analysis for Switzerland[J]. Public Choice, 2000(105):125—164.

Laurent Flochel, Thierry Madies, Interjurisdictional Tax Competition in a Federal System of Overlapping Revenue Maximizing Governments[J]. International Tax and Public Finance, 2002(9):121—141.

Leonzio Rizzo: Equalization and Fiscal Competition[Z]. MPRA Paper No. 5335, 2007:1—35.

Lisa Grazzini, Alessandro Petretto. Tax competition between unitary and federal countries[J]. Economics of Governmence, 2007(8):17—36.

Markok Köthenbürger. Tax Competition and Fiscal Equalization[J]. International Tax and Public Finance, 2002(9):391—408.

Massimo Bordignon. Exit and Voice. Yardstick versus Fiscal Competition across Governments[Z]. Working Paper, 2007.

Michael Rauscher. Economic Growth and Tax Competing Leviathans[J]. International Tax and Public Finance, 2005(12):457—474.

Motohiro sato. Rent-seeking and Fiscal Decentralization[J]. European Economic Review, 2003(47):19—40.

Mutsumi Matsumoto. A Note on the Composition of Public Expenditure under Capital Tax Competition [J]. International Tax and Public Finance, 2000 (7): 691—697.

Organisation for Economic Co-Operation and Development. Harmful Tax Competition: A Emerging Global Issue[R]. OECD Publications.

Paolo M. Panteghini, Guttorm Schjelderup. To Invest or not to Invest: A Real Options Approach to FDIs and Tax Competition [J]. International Tax and Public Finance, 2006(13):643—660.

Ronald B. Davies. Tax Competition and Foreign Capital[J]. International Tax and Public Finance, 2003(10):127—145.

Sergio Guimaraes Ferreira, Ricardo Varsano, José Roberto Afonso. Inter-jurisdictional Fiscal Competition: A Review of The Literature and Policy Recommendations, Political Economy, 2005, Vol. 25, No 3(99):295—313.

Sven Stöwhase. Asymmetric Capital Tax Competition with Profit Shifting[J]. Journal of Economics, 2005, Vol. 85(2):175—196.

Timothy. J. Goodspeed. Tax Competition, Benefit Taxes, and Fiscal Federalism[J]. National Tax Journal, 1998.

Thomas Apolte. How Tame will Leviathan Become in Institutional Competition? Competition among Governments in the Provision of Public Goods[J]. Public Choice, 2001(107):359—381.

Wallace E. Oates. Fiscal Federalism[Z]. Harcourt Brace Yovanovich, New York, 1972.

附　录

附录 1　1978—2006 年中国各地方政府加权的预算内平均宏观税负(%)

	1978	1979	1980	1981	1982	1983	1984	1985	1986	1987
北　京	0.39	0.33	0.31	0.28	0.26	0.24	0.21	0.21	0.22	0.2
天　津	0.39	0.33	0.3	0.28	0.25	0.19	0.18	0.17	0.18	0.17
河　北	0.3	0.25	0.23	0.21	0.19	0.16	0.15	0.14	0.14	0.14
山　西	0.27	0.22	0.19	0.17	0.15	0.14	0.13	0.13	0.13	0.12
内蒙古	0.29	0.25	0.21	0.19	0.17	0.15	0.14	0.14	0.15	0.14
辽　宁	0.27	0.22	0.18	0.15	0.14	0.13	0.12	0.13	0.14	0.14
吉　林	0.36	0.31	0.18	0.16	0.15	0.13	0.13	0.13	0.14	0.13
黑龙江	0.24	0.19	0.18	0.14	0.14	0.12	0.11	0.12	0.14	0.13
上　海	0.23	0.17	0.17	0.16	0.15	0.15	0.14	0.13	0.13	0.12
江　苏	0.34	0.3	0.27	0.26	0.24	0.21	0.2	0.19	0.18	0.16
浙　江	0.46	0.43	0.4	0.38	0.35	0.32	0.3	0.29	0.27	0.23
安　徽	0.28	0.24	0.22	0.2	0.19	0.17	0.16	0.15	0.15	0.14
福　建	0.23	0.19	0.18	0.17	0.15	0.14	0.13	0.14	0.14	0.13
江　西	0.21	0.18	0.17	0.16	0.14	0.13	0.12	0.12	0.13	0.12
山　东	0.31	0.26	0.23	0.22	0.2	0.18	0.16	0.16	0.16	0.15
河　南	0.26	0.21	0.19	0.17	0.16	0.14	0.13	0.13	0.13	0.13
湖　北	0.21	0.18	0.16	0.15	0.13	0.12	0.11	0.12	0.12	0.12
湖　南	0.2	0.16	0.15	0.15	0.13	0.13	0.12	0.12	0.12	0.12
广　东	0.21	0.17	0.16	0.15	0.13	0.12	0.12	0.12	0.12	0.12
广　西	0.19	0.16	0.14	0.13	0.12	0.12	0.11	0.12	0.12	0.12

续表

	1978	1979	1980	1981	1982	1983	1984	1985	1986	1987
重　庆	0.15	0.13	0.11	0.1	0.1	0.09	0.09	0.12	0.12	0.12
四　川	0.17	0.14	0.12	0.1	0.1	0.09	0.09	0.09	0.09	0.09
贵　州	0.13	0.11	0.1	0.09	0.09	0.08	0.08	0.09	0.09	0.09
云　南	0.15	0.13	0.12	0.1	0.1	0.1	0.09	0.1	0.11	0.11
陕　西	0.23	0.19	0.16	0.15	0.14	0.12	0.12	0.12	0.12	0.12
甘　肃	0.2	0.16	0.11	0.08	0.08	0.08	0.09	0.09	0.09	0.1
青　海	0.29	0.24	0.18	0.16	0.15	0.12	0.12	0.13	0.13	0.13
宁　夏	0.24	0.2	0.16	0.14	0.13	0.11	0.11	0.11	0.12	0.12
新　疆	0.23	0.19	0.16	0.14	0.13	0.12	0.11	0.12	0.12	0.12
	1988	1989	1990	1991	1992	1993	1994	1995	1996	1997
北　京	0.14	0.14	0.12	0.14	0.12	0.12	0.06	0.06	0.06	0.06
天　津	0.14	0.14	0.13	0.12	0.1	0.1	0.07	0.07	0.08	0.08
河　北	0.12	0.12	0.11	0.11	0.1	0.1	0.06	0.06	0.06	0.07
山　西	0.1	0.11	0.1	0.1	0.09	0.09	0.05	0.05	0.05	0.06
内蒙古	0.12	0.12	0.11	0.11	0.1	0.1	0.06	0.06	0.06	0.07
辽　宁	0.12	0.13	0.12	0.13	0.1	0.1	0.05	0.06	0.06	0.06
吉　林	0.12	0.12	0.11	0.12	0.1	0.1	0.05	0.06	0.06	0.06
黑龙江	0.12	0.13	0.12	0.13	0.1	0.11	0.05	0.06	0.06	0.06
上　海	0.1	0.11	0.1	0.1	0.08	0.08	0.04	0.04	0.04	0.04
江　苏	0.14	0.14	0.13	0.12	0.11	0.1	0.06	0.06	0.06	0.07
浙　江	0.19	0.18	0.17	0.16	0.13	0.13	0.07	0.07	0.08	0.09
安　徽	0.12	0.12	0.11	0.11	0.09	0.09	0.05	0.05	0.05	0.06
福　建	0.11	0.12	0.11	0.11	0.1	0.1	0.05	0.05	0.06	0.06
江　西	0.1	0.11	0.09	0.1	0.09	0.09	0.05	0.05	0.05	0.06
山　东	0.12	0.12	0.11	0.11	0.1	0.1	0.06	0.05	0.06	0.06
河　南	0.11	0.11	0.1	0.1	0.09	0.09	0.05	0.05	0.05	0.06
湖　北	0.1	0.11	0.1	0.1	0.09	0.09	0.05	0.05	0.05	0.06
湖　南	0.1	0.11	0.1	0.1	0.09	0.09	0.05	0.05	0.05	0.06

	1988	1989	1990	1991	1992	1993	1994	1995	1996	1997
广　东	0.11	0.11	0.1	0.1	0.09	0.1	0.05	0.05	0.05	0.06
广　西	0.1	0.11	0.1	0.11	0.1	0.1	0.05	0.06	0.06	0.06
重　庆	0.11	0.12	0.11	0.12	0.11	0.12	0.05	0.06	0.06	0.06
四　川	0.08	0.09	0.08	0.08	0.08	0.08	0.05	0.05	0.06	0.06
贵　州	0.08	0.09	0.08	0.08	0.08	0.09	0.05	0.06	0.06	0.06
云　南	0.1	0.11	0.1	0.11	0.1	0.1	0.05	0.06	0.06	0.06
陕　西	0.11	0.11	0.1	0.11	0.09	0.1	0.05	0.05	0.05	0.06
甘　肃	0.1	0.11	0.1	0.11	0.09	0.1	0.05	0.05	0.05	0.06
青　海	0.12	0.14	0.13	0.13	0.12	0.13	0.06	0.06	0.06	0.06
宁　夏	0.11	0.12	0.11	0.12	0.1	0.11	0.06	0.06	0.06	0.06
新　疆	0.11	0.12	0.11	0.11	0.1	0.1	0.05	0.05	0.06	0.06
	1998	1999	2000	2001	2002	2003	2004	2005	2006	
北　京	0.07	0.07	0.07	0.08	0.07	0.07	0.07	0.08	0.09	
天　津	0.09	0.1	0.11	0.1	0.1	0.1	0.1	0.11	0.12	
河　北	0.07	0.08	0.08	0.08	0.08	0.08	0.08	0.09	0.1	
山　西	0.06	0.06	0.06	0.06	0.06	0.06	0.06	0.07	0.07	
内蒙古	0.07	0.08	0.08	0.08	0.07	0.07	0.07	0.08	0.09	
辽　宁	0.07	0.07	0.07	0.07	0.07	0.07	0.06	0.07	0.07	
吉　林	0.07	0.07	0.06	0.07	0.07	0.07	0.07	0.07	0.07	
黑龙江	0.06	0.06	0.06	0.06	0.06	0.07	0.06	0.07	0.07	
上　海	0.05	0.05	0.06	0.06	0.07	0.07	0.07	0.07	0.08	
江　苏	0.07	0.07	0.08	0.08	0.08	0.08	0.09	0.09	0.09	
浙　江	0.09	0.09	0.09	0.09	0.1	0.1	0.11	0.12	0.12	
安　徽	0.06	0.06	0.06	0.07	0.07	0.07	0.07	0.08	0.08	
福　建	0.06	0.06	0.07	0.07	0.07	0.07	0.07	0.07	0.08	
江　西	0.06	0.06	0.06	0.07	0.07	0.07	0.07	0.08	0.08	
山　东	0.07	0.07	0.07	0.07	0.07	0.07	0.07	0.08	0.08	
河　南	0.06	0.06	0.07	0.07	0.07	0.07	0.07	0.07	0.08	

续表

	1998	1999	2000	2001	2002	2003	2004	2005	2006
湖 北	0.06	0.06	0.06	0.06	0.06	0.06	0.07	0.07	0.07
湖 南	0.06	0.06	0.06	0.07	0.07	0.07	0.07	0.07	0.07
广 东	0.06	0.06	0.06	0.07	0.07	0.07	0.07	0.07	0.07
广 西	0.07	0.07	0.07	0.07	0.07	0.07	0.07	0.08	0.08
重 庆	0.07	0.07	0.07	0.07	0.07	0.07	0.07	0.08	0.08
四 川	0.06	0.06	0.07	0.07	0.07	0.07	0.07	0.08	0.08
贵 州	0.06	0.06	0.06	0.07	0.07	0.07	0.07	0.08	0.08
云 南	0.07	0.07	0.07	0.07	0.07	0.07	0.08	0.08	0.08
陕 西	0.06	0.06	0.06	0.06	0.06	0.06	0.07	0.07	0.07
甘 肃	0.06	0.06	0.06	0.06	0.06	0.06	0.06	0.07	0.08
青 海	0.06	0.06	0.06	0.06	0.06	0.06	0.06	0.06	0.07
宁 夏	0.06	0.07	0.06	0.06	0.06	0.06	0.07	0.07	0.07
新 疆	0.06	0.07	0.07	0.07	0.07	0.07	0.07	0.07	0.08

附录 2 1987—2006 年中国各地方政府加权的预算外平均宏观税负(%)

	1987	1988	1989	1990	1991	1992	1993	1994	1995	1996
北 京	0.15	0.14	0.13	0.11	0.11	0.11	0.04	0.04	0.04	0.04
天 津	0.15	0.15	0.15	0.14	0.13	0.14	0.04	0.04	0.04	0.06
河 北	0.13	0.12	0.12	0.11	0.11	0.11	0.04	0.04	0.04	0.06
山 西	0.11	0.11	0.1	0.1	0.09	0.09	0.03	0.03	0.03	0.04
内蒙古	0.13	0.12	0.12	0.11	0.11	0.11	0.04	0.04	0.04	0.05
辽 宁	0.13	0.13	0.13	0.12	0.12	0.11	0.04	0.04	0.04	0.04
吉 林	0.12	0.11	0.11	0.1	0.09	0.09	0.04	0.03	0.03	0.04
黑龙江	0.14	0.13	0.13	0.13	0.13	0.12	0.04	0.04	0.04	0.04
上 海	0.09	0.09	0.09	0.08	0.09	0.09	0.04	0.04	0.04	0.05
江 苏	0.11	0.11	0.1	0.1	0.1	0.08	0.03	0.04	0.04	0.04
浙 江	0.15	0.14	0.13	0.12	0.12	0.08	0.03	0.03	0.03	0.03
安 徽	0.11	0.1	0.1	0.09	0.09	0.08	0.03	0.03	0.03	0.04

续表

	1987	1988	1989	1990	1991	1992	1993	1994	1995	1996
福　建	0.11	0.1	0.1	0.09	0.09	0.09	0.04	0.04	0.04	0.04
江　西	0.1	0.1	0.1	0.09	0.09	0.08	0.04	0.04	0.04	0.05
山　东	0.12	0.12	0.11	0.1	0.1	0.1	0.04	0.04	0.04	0.05
河　南	0.11	0.11	0.1	0.09	0.09	0.09	0.04	0.04	0.04	0.04
湖　北	0.1	0.1	0.09	0.09	0.09	0.09	0.04	0.04	0.04	0.05
湖　南	0.1	0.1	0.09	0.08	0.08	0.08	0.03	0.03	0.03	0.04
广　东	0.1	0.1	0.1	0.09	0.09	0.09	0.04	0.04	0.04	0.05
广　西	0.1	0.1	0.09	0.09	0.09	0.09	0.04	0.04	0.04	0.05
四　川	0.11	0.11	0.1	0.09	0.09	0.09	0.04	0.04	0.04	0.04
贵　州	0.11	0.11	0.1	0.09	0.09	0.09	0.04	0.04	0.04	0.04
云　南	0.1	0.1	0.09	0.09	0.08	0.09	0.04	0.04	0.04	0.05
陕　西	0.11	0.1	0.1	0.09	0.09	0.09	0.04	0.04	0.04	0.05
甘　肃	0.13	0.12	0.12	0.11	0.11	0.11	0.04	0.04	0.04	0.04
青　海	0.12	0.11	0.11	0.1	0.09	0.09	0.04	0.04	0.04	0.04
宁　夏	0.12	0.12	0.12	0.11	0.1	0.1	0.04	0.04	0.04	0.04
新　疆	0.11	0.11	0.11	0.1	0.1	0.1	0.04	0.04	0.04	0.04
	1997	1998	1999	2000	2001	2002	2003	2004	2005	2006
北　京	0.05	0.03	0.03	0.03	0.03	0.03	0.03	0.02	0.02	0.02
天　津	0.07	0.05	0.05	0.05	0.04	0.04	0.03	0.03	0.02	0.02
河　北	0.06	0.04	0.05	0.05	0.05	0.04	0.03	0.03	0.02	0.02
山　西	0.04	0.03	0.03	0.03	0.03	0.03	0.03	0.02	0.02	0.02
内蒙古	0.05	0.04	0.04	0.04	0.04	0.04	0.03	0.03	0.02	0.02
辽　宁	0.06	0.03	0.03	0.03	0.03	0.03	0.03	0.02	0.02	0.02
吉　林	0.05	0.03	0.03	0.03	0.03	0.03	0.03	0.02	0.03	0.02
黑龙江	0.06	0.03	0.03	0.03	0.03	0.03	0.03	0.02	0.02	0.02
上　海	0.05	0.04	0.04	0.04	0.04	0.04	0.04	0.03	0.03	0.03
江　苏	0.04	0.04	0.04	0.04	0.03	0.03	0.03	0.02	0.02	0.02
浙　江	0.03	0.04	0.04	0.04	0.03	0.03	0.03	0.02	0.02	0.02

	1997	1998	1999	2000	2001	2002	2003	2004	2005	2006
安 徽	0.05	0.04	0.04	0.04	0.04	0.04	0.03	0.03	0.03	0.02
福 建	0.05	0.04	0.04	0.04	0.04	0.04	0.04	0.03	0.03	0.03
江 西	0.05	0.04	0.04	0.04	0.04	0.04	0.03	0.03	0.03	0.03
山 东	0.05	0.03	0.04	0.04	0.04	0.03	0.03	0.02	0.02	0.02
河 南	0.05	0.04	0.04	0.04	0.04	0.03	0.03	0.03	0.03	0.03
湖 北	0.05	0.04	0.04	0.04	0.04	0.04	0.03	0.03	0.03	0.03
湖 南	0.05	0.03	0.04	0.04	0.04	0.04	0.03	0.03	0.03	0.03
广 东	0.05	0.04	0.04	0.04	0.04	0.04	0.03	0.03	0.03	0.03
广 西	0.05	0.04	0.04	0.04	0.04	0.04	0.03	0.03	0.03	0.03
四 川	0.05	0.04	0.04	0.04	0.04	0.04	0.03	0.03	0.03	0.03
贵 州	0.05	0.04	0.04	0.04	0.04	0.04	0.03	0.03	0.03	0.03
云 南	0.05	0.04	0.04	0.04	0.04	0.04	0.03	0.03	0.03	0.03
陕 西	0.05	0.04	0.04	0.04	0.04	0.03	0.03	0.03	0.02	0.02
甘 肃	0.04	0.03	0.03	0.03	0.03	0.03	0.03	0.02	0.02	0.02
青 海	0.05	0.03	0.03	0.03	0.04	0.04	0.04	0.04	0.03	0.03
宁 夏	0.05	0.03	0.03	0.03	0.03	0.03	0.03	0.03	0.03	0.02
新 疆	0.05	0.03	0.04	0.04	0.04	0.03	0.03	0.03	0.03	0.03

附录3 1987—2006年中国各地方政府加权预算内外收入之和的平均宏观税负（%）

	1987	1988	1989	1990	1991	1992	1993	1994	1995	1996
北 京	0.34	0.29	0.27	0.24	0.25	0.23	0.16	0.1	0.1	0.11
天 津	0.32	0.29	0.28	0.27	0.25	0.24	0.13	0.12	0.11	0.14
河 北	0.27	0.25	0.24	0.23	0.22	0.21	0.14	0.1	0.1	0.12
山 西	0.23	0.21	0.21	0.2	0.19	0.18	0.13	0.08	0.08	0.09
内蒙古	0.27	0.25	0.24	0.23	0.22	0.21	0.14	0.1	0.1	0.11
辽 宁	0.27	0.25	0.25	0.24	0.24	0.21	0.14	0.09	0.09	0.1
吉 林	0.25	0.23	0.23	0.21	0.22	0.19	0.13	0.09	0.09	0.1
黑龙江	0.27	0.25	0.26	0.25	0.26	0.22	0.15	0.09	0.1	0.1

	1987	1988	1989	1990	1991	1992	1993	1994	1995	1996
上　海	0.22	0.19	0.2	0.19	0.18	0.17	0.12	0.08	0.08	0.09
江　苏	0.28	0.25	0.24	0.23	0.22	0.19	0.14	0.09	0.09	0.1
浙　江	0.38	0.33	0.32	0.29	0.28	0.22	0.17	0.11	0.11	0.11
安　徽	0.24	0.22	0.21	0.2	0.2	0.17	0.13	0.08	0.08	0.09
江　西	0.24	0.21	0.21	0.2	0.2	0.18	0.14	0.09	0.09	0.1
山　东	0.28	0.24	0.24	0.22	0.22	0.2	0.14	0.09	0.09	0.1
河　南	0.24	0.22	0.22	0.2	0.2	0.18	0.13	0.09	0.09	0.1
湖　北	0.22	0.2	0.2	0.19	0.19	0.18	0.14	0.09	0.09	0.1
湖　南	0.22	0.21	0.2	0.18	0.19	0.17	0.13	0.08	0.08	0.09
广　东	0.23	0.21	0.21	0.2	0.2	0.18	0.14	0.09	0.09	0.1
广　西	0.23	0.21	0.21	0.2	0.2	0.19	0.15	0.09	0.09	0.1
四　川	0.24	0.22	0.23	0.21	0.21	0.2	0.16	0.09	0.1	0.1
贵　州	0.24	0.23	0.23	0.21	0.21	0.2	0.17	0.1	0.1	0.11
云　南	0.22	0.21	0.21	0.2	0.2	0.19	0.15	0.09	0.09	0.11
陕　西	0.23	0.21	0.21	0.2	0.2	0.19	0.14	0.09	0.09	0.1
甘　肃	0.23	0.22	0.23	0.22	0.22	0.21	0.14	0.09	0.09	0.09
青　海	0.25	0.24	0.24	0.23	0.22	0.21	0.17	0.1	0.1	0.1
宁　夏	0.24	0.23	0.24	0.22	0.22	0.21	0.15	0.09	0.1	0.1
新　疆	0.24	0.22	0.23	0.21	0.21	0.2	0.14	0.09	0.09	0.1
	1997	1998	1999	2000	2001	2002	2003	2004	2005	2006
北　京	0.11	0.1	0.1	0.1	0.11	0.1	0.1	0.09	0.1	0.1
天　津	0.15	0.14	0.15	0.16	0.17	0.17	0.16	0.16	0.13	0.13
河　北	0.12	0.12	0.12	0.13	0.13	0.13	0.12	0.12	0.11	0.12
山　西	0.1	0.09	0.09	0.09	0.1	0.09	0.09	0.09	0.09	0.09
内蒙古	0.12	0.11	0.12	0.12	0.13	0.12	0.12	0.11	0.11	0.12
辽　宁	0.12	0.1	0.1	0.1	0.1	0.1	0.1	0.09	0.09	0.09
吉　林	0.11	0.1	0.09	0.09	0.1	0.1	0.09	0.09	0.1	0.1
黑龙江	0.12	0.1	0.1	0.09	0.1	0.1	0.1	0.09	0.09	0.09

续表

	1997	1998	1999	2000	2001	2002	2003	2004	2005	2006
上 海	0.09	0.08	0.09	0.1	0.11	0.11	0.11	0.1	0.1	0.11
江 苏	0.11	0.11	0.11	0.11	0.11	0.11	0.11	0.11	0.11	0.12
浙 江	0.12	0.12	0.13	0.13	0.13	0.14	0.14	0.14	0.14	0.14
安 徽	0.1	0.09	0.1	0.1	0.11	0.11	0.11	0.1	0.1	0.11
江 西	0.1	0.1	0.1	0.1	0.11	0.11	0.1	0.1	0.1	0.11
山 东	0.11	0.1	0.1	0.11	0.1	0.11	0.1	0.1	0.1	0.1
河 南	0.1	0.1	0.1	0.1	0.11	0.1	0.1	0.1	0.1	0.11
湖 北	0.11	0.1	0.1	0.1	0.11	0.1	0.1	0.09	0.09	0.1
湖 南	0.1	0.09	0.1	0.1	0.1	0.1	0.1	0.09	0.1	0.1
广 东	0.11	0.1	0.1	0.1	0.11	0.1	0.1	0.1	0.1	0.1
广 西	0.11	0.1	0.11	0.11	0.11	0.11	0.11	0.1	0.1	0.11
四 川	0.11	0.1	0.11	0.11	0.11	0.11	0.1	0.1	0.11	0.1
贵 州	0.11	0.11	0.11	0.11	0.1	0.1	0.1	0.1	0.1	0.1
云 南	0.11	0.11	0.11	0.11	0.12	0.1	0.1	0.11	0.11	0.11
陕 西	0.11	0.1	0.1	0.1	0.11	0.1	0.1	0.1	0.09	0.1
甘 肃	0.1	0.09	0.09	0.1	0.11	0.09	0.1	0.09	0.09	0.09
青 海	0.11	0.1	0.1	0.1	0.1	0.11	0.11	0.1	0.1	0.09
宁 夏	0.11	0.1	0.1	0.1	0.1	0.1	0.1	0.1	0.1	0.1
新 疆	0.11	0.1	0.1	0.1	0.11	0.11	0.11	0.1	0.1	0.1

附录4　29个地方政府的铁路距离权重(%)

	北京	天津	河北	山西	内蒙古	辽宁	吉林	黑龙江	上海	江苏
北 京	0	0.645	0.189	0.085	0.136	0.076	0.027	0.024	0.01	0.019
天 津	0.605	0	0.086	0.053	0.093	0.083	0.029	0.025	0.012	0.025
河 北	0.142	0.069	0	0.423	0.067	0.033	0.014	0.014	0.013	0.028
山 西	0.043	0.029	0.284	0	0.147	0.023	0.011	0.011	0.009	0.018
内蒙古	0.025	0.019	0.017	0.055	0	0.018	0.009	0.009	0.005	0.008
辽 宁	0.021	0.024	0.012	0.012	0.026	0	0.315	0.133	0.005	0.009

	北京	天津	河北	山西	内蒙古	辽宁	吉林	黑龙江	上海	江苏
吉　林	0.01	0.012	0.007	0.008	0.018	0.447	0	0.679	0.004	0.006
黑龙江	0.007	0.008	0.005	0.006	0.014	0.139	0.501	0	0.003	0.005
上　海	0.005	0.007	0.009	0.01	0.013	0.01	0.005	0.006	0	0.278
江　苏	0.008	0.012	0.016	0.016	0.018	0.014	0.007	0.008	0.223	0
浙　江	0.004	0.005	0.007	0.008	0.011	0.008	0.005	0.005	0.507	0.1
安　徽	0.009	0.013	0.018	0.017	0.019	0.015	0.007	0.008	0.054	0.262
福　建	0.002	0.002	0.003	0.004	0.006	0.004	0.002	0.003	0.015	0.012
江　西	0.003	0.003	0.005	0.006	0.008	0.005	0.003	0.003	0.029	0.02
山　东	0.047	0.095	0.171	0.081	0.045	0.037	0.016	0.015	0.022	0.058
河　南	0.024	0.018	0.089	0.068	0.033	0.018	0.009	0.009	0.021	0.053
湖　北	0.008	0.006	0.017	0.016	0.017	0.01	0.005	0.006	0.008	0.017
湖　南	0.005	0.004	0.009	0.01	0.012	0.007	0.004	0.004	0.014	0.018
广　东	0.002	0.002	0.004	0.004	0.007	0.004	0.002	0.003	0.006	0.006
广　西	0.002	0.002	0.003	0.004	0.006	0.004	0.002	0.003	0.005	0.005
重　庆	0.003	0.002	0.003	0.006	0.009	0.005	0.003	0.003	0.003	0.006
四　川	0.003	0.003	0.005	0.01	0.013	0.005	0.003	0.003	0.004	0.006
贵　州	0.002	0.002	0.003	0.004	0.006	0.004	0.002	0.003	0.005	0.005
云　南	0.001	0.001	0.002	0.003	0.006	0.003	0.002	0.002	0.002	0.003
陕　西	0.008	0.007	0.018	0.053	0.036	0.01	0.005	0.006	0.009	0.018
甘　肃	0.003	0.003	0.006	0.013	0.046	0.006	0.003	0.004	0.004	0.007
青　海	0.003	0.002	0.005	0.009	0.033	0.005	0.003	0.004	0.004	0.006
宁　夏	0.006	0.006	0.006	0.013	0.147	0.009	0.005	0.005	0.003	0.005
新　疆	0.001	0.001	0.001	0.002	0.007	0.002	0.001	0.001	0.001	0.002

	浙江	安徽	福建	江西	山东	河南	湖北	湖南	广东	广西
北　京	0.009	0.028	0.014	0.012	0.096	0.058	0.026	0.014	0.021	0.018
天　津	0.01	0.037	0.016	0.01	0.184	0.041	0.021	0.012	0.018	0.016
河　北	0.011	0.041	0.019	0.016	0.264	0.165	0.044	0.021	0.027	0.023

续表

	浙江	安徽	福建	江西	山东	河南	湖北	湖南	广东	广西
山　西	0.008	0.026	0.015	0.012	0.084	0.084	0.028	0.015	0.022	0.019
内蒙古	0.004	0.011	0.009	0.007	0.017	0.015	0.011	0.007	0.012	0.011
辽　宁	0.005	0.012	0.01	0.006	0.021	0.012	0.009	0.006	0.011	0.01
吉　林	0.004	0.009	0.008	0.005	0.013	0.008	0.007	0.005	0.009	0.009
黑龙江	0.003	0.007	0.007	0.004	0.009	0.006	0.006	0.004	0.008	0.008
上　海	0.6	0.091	0.071	0.067	0.025	0.028	0.016	0.025	0.033	0.027
江　苏	0.095	0.354	0.045	0.036	0.053	0.058	0.026	0.025	0.024	0.021
浙　江	0	0.052	0.104	0.116	0.017	0.02	0.021	0.036	0.042	0.034
安　徽	0.036	0	0.031	0.022	0.062	0.067	0.028	0.015	0.022	0.019
福　建	0.026	0.011	0	0.122	0.005	0.008	0.022	0.037	0.043	0.034
江　西	0.06	0.016	0.254	0	0.007	0.016	0.065	0.206	0.102	0.07
山　东	0.018	0.092	0.021	0.014	0	0.063	0.027	0.015	0.021	0.018
河　南	0.017	0.083	0.028	0.027	0.053	0	0.137	0.045	0.042	0.034
湖　北	0.013	0.025	0.055	0.078	0.016	0.098	0	0.281	0.094	0.066
湖　南	0.024	0.015	0.101	0.27	0.01	0.035	0.304	0	0.21	0.123
广　东	0.009	0.007	0.038	0.043	0.004	0.011	0.033	0.068	0	0.066
广　西	0.007	0.005	0.028	0.028	0.004	0.008	0.022	0.038	0.062	0
重　庆	0.005	0.008	0.019	0.016	0.006	0.014	0.026	0.018	0.027	0.067
四　川	0.004	0.009	0.013	0.009	0.006	0.015	0.019	0.01	0.017	0.035
贵　州	0.007	0.006	0.029	0.029	0.004	0.008	0.023	0.04	0.044	0.159
云　南	0.003	0.004	0.016	0.013	0.002	0.005	0.01	0.014	0.023	0.052
陕　西	0.008	0.026	0.017	0.014	0.017	0.107	0.036	0.018	0.024	0.021
甘　肃	0.004	0.01	0.01	0.008	0.007	0.02	0.013	0.008	0.014	0.013
青　海	0.004	0.008	0.009	0.006	0.005	0.014	0.01	0.007	0.012	0.011
宁　夏	0.003	0.007	0.008	0.005	0.007	0.01	0.008	0.006	0.01	0.01
新　疆	0.001	0.002	0.004	0.002	0.002	0.003	0.003	0.002	0.005	0.005

附　　录

续表

	重庆	四川	贵州	云南	陕西	甘肃	青海	宁夏	新疆
北　京	0.014	0.017	0.01	0.012	0.033	0.009	0.007	0.036	0.029
天　津	0.012	0.015	0.009	0.011	0.027	0.007	0.007	0.029	0.027
河　北	0.012	0.023	0.012	0.015	0.053	0.011	0.01	0.027	0.034
山　西	0.015	0.032	0.01	0.018	0.107	0.016	0.014	0.037	0.04
内蒙古	0.009	0.016	0.007	0.012	0.027	0.021	0.018	0.157	0.044
辽　宁	0.007	0.009	0.006	0.008	0.011	0.004	0.004	0.013	0.019
吉　林	0.006	0.007	0.005	0.007	0.008	0.003	0.003	0.01	0.017
黑龙江	0.005	0.006	0.004	0.006	0.007	0.003	0.003	0.009	0.015
上　海	0.01	0.013	0.015	0.013	0.02	0.006	0.006	0.009	0.025
江　苏	0.014	0.017	0.012	0.014	0.031	0.008	0.007	0.012	0.029
浙　江	0.011	0.011	0.019	0.015	0.016	0.005	0.005	0.008	0.022
安　徽	0.015	0.018	0.01	0.013	0.034	0.008	0.008	0.012	0.03
福　建	0.012	0.009	0.019	0.02	0.008	0.003	0.003	0.005	0.017
江　西	0.02	0.014	0.039	0.034	0.014	0.004	0.004	0.007	0.021
山　东	0.014	0.018	0.01	0.013	0.033	0.008	0.008	0.019	0.029
河　南	0.031	0.039	0.019	0.021	0.174	0.02	0.017	0.024	0.043
湖　北	0.041	0.034	0.037	0.033	0.042	0.009	0.009	0.013	0.031
湖　南	0.031	0.02	0.07	0.049	0.023	0.006	0.006	0.01	0.026
广　东	0.015	0.011	0.026	0.025	0.01	0.004	0.004	0.006	0.019
广　西	0.035	0.022	0.085	0.055	0.008	0.003	0.003	0.005	0.017
重　庆	0	0.284	0.296	0.102	0.025	0.01	0.009	0.014	0.032
四　川	0.242	0	0.068	0.102	0.064	0.02	0.017	0.024	0.044
贵　州	0.287	0.077	0	0.303	0.014	0.006	0.006	0.009	0.025
云　南	0.051	0.06	0.155	0	0.012	0.005	0.005	0.009	0.024
陕　西	0.034	0.102	0.019	0.033	0	0.061	0.041	0.049	0.062
甘　肃	0.022	0.053	0.014	0.024	0.099	0	0.7	0.296	0.114
青　海	0.017	0.037	0.011	0.02	0.057	0.601	0	0.138	0.092
宁　夏	0.013	0.027	0.009	0.016	0.035	0.129	0.07	0	0.074
新　疆	0.005	0.008	0.004	0.007	0.007	0.008	0.007	0.012	0

附录5　28个地方政府的铁路距离权重(%)

	北京	天津	河北	山西	内蒙古	辽宁	吉林	黑龙江	上海	江苏
北　京	0	0.647	0.19	0.086	0.137	0.076	0.027	0.024	0.01	0.019
天　津	0.606	0	0.086	0.054	0.094	0.084	0.029	0.025	0.012	0.025
河　北	0.142	0.069	0	0.426	0.067	0.033	0.014	0.014	0.013	0.028
山　西	0.043	0.029	0.285	0	0.149	0.023	0.011	0.011	0.009	0.018
内蒙古	0.026	0.019	0.017	0.055	0	0.018	0.009	0.009	0.005	0.008
辽　宁	0.021	0.024	0.012	0.012	0.027	0	0.316	0.133	0.005	0.009
吉　林	0.01	0.012	0.007	0.008	0.018	0.449	0	0.681	0.004	0.006
黑龙江	0.007	0.008	0.005	0.006	0.014	0.139	0.502	0	0.003	0.005
上　海	0.005	0.007	0.01	0.01	0.013	0.01	0.005	0.006	0	0.279
江　苏	0.009	0.012	0.016	0.016	0.018	0.014	0.007	0.008	0.224	0
浙　江	0.004	0.005	0.007	0.008	0.011	0.008	0.005	0.005	0.509	0.101
安　徽	0.009	0.013	0.018	0.017	0.019	0.015	0.007	0.007	0.054	0.264
福　建	0.002	0.002	0.003	0.004	0.006	0.004	0.002	0.003	0.015	0.012
江　西	0.003	0.003	0.005	0.006	0.009	0.005	0.003	0.003	0.029	0.02
山　东	0.047	0.095	0.171	0.081	0.045	0.037	0.016	0.015	0.022	0.058
河　南	0.024	0.018	0.089	0.068	0.033	0.018	0.009	0.009	0.021	0.053
湖　北	0.008	0.007	0.017	0.016	0.017	0.01	0.005	0.006	0.008	0.017
湖　南	0.005	0.004	0.009	0.01	0.012	0.007	0.004	0.004	0.014	0.018
广　东	0.002	0.002	0.004	0.004	0.007	0.004	0.002	0.003	0.006	0.006
广　西	0.002	0.002	0.003	0.004	0.006	0.004	0.002	0.003	0.005	0.005
四　川	0.003	0.003	0.005	0.01	0.013	0.005	0.003	0.003	0.004	0.006
贵　州	0.002	0.002	0.003	0.004	0.006	0.004	0.002	0.003	0.005	0.005
云　南	0.001	0.001	0.002	0.003	0.006	0.003	0.002	0.002	0.002	0.003
陕　西	0.008	0.007	0.018	0.054	0.037	0.01	0.005	0.006	0.009	0.018
甘　肃	0.003	0.003	0.006	0.013	0.047	0.006	0.003	0.004	0.004	0.007
青　海	0.003	0.002	0.005	0.01	0.033	0.005	0.002	0.003	0.004	0.006
宁　夏	0.006	0.006	0.006	0.013	0.149	0.009	0.005	0.005	0.003	0.005
新　疆	0.001	0.001	0.001	0.002	0.007	0.002	0.001	0.001	0.001	0.002

	浙江	安徽	福建	江西	山东	河南	湖北	湖南	广东
北 京	0.009	0.028	0.014	0.012	0.097	0.059	0.027	0.027	0.021
天 津	0.01	0.037	0.016	0.01	0.185	0.041	0.021	0.021	0.019
河 北	0.011	0.042	0.019	0.016	0.265	0.168	0.045	0.045	0.028
山 西	0.008	0.027	0.016	0.013	0.084	0.085	0.029	0.029	0.022
内蒙古	0.004	0.011	0.01	0.007	0.017	0.015	0.011	0.011	0.013
辽 宁	0.005	0.012	0.01	0.006	0.021	0.012	0.009	0.009	0.011
吉 林	0.004	0.009	0.008	0.005	0.013	0.008	0.007	0.007	0.009
黑龙江	0.003	0.007	0.007	0.004	0.009	0.007	0.006	0.006	0.008
上 海	0.603	0.092	0.073	0.068	0.025	0.029	0.017	0.017	0.034
江 苏	0.096	0.357	0.046	0.037	0.054	0.059	0.027	0.027	0.025
浙 江	0	0.052	0.106	0.118	0.017	0.02	0.022	0.022	0.043
安 徽	0.037	0	0.031	0.023	0.063	0.068	0.029	0.029	0.022
福 建	0.026	0.011	0	0.124	0.005	0.008	0.022	0.022	0.044
江 西	0.06	0.016	0.259	0	0.007	0.017	0.067	0.067	0.105
山 东	0.018	0.092	0.022	0.015	0	0.064	0.028	0.028	0.022
河 南	0.017	0.083	0.028	0.028	0.053	0	0.14	0.14	0.043
湖 北	0.013	0.025	0.056	0.079	0.016	0.1	0	0	0.097
湖 南	0.024	0.015	0.103	0.274	0.01	0.036	0.313	0.313	0.215
广 东	0.009	0.007	0.039	0.044	0.005	0.011	0.034	0.034	0
广 西	0.007	0.005	0.029	0.029	0.004	0.008	0.022	0.022	0.064
四 川	0.004	0.009	0.013	0.01	0.006	0.016	0.019	0.019	0.018
贵 州	0.007	0.006	0.03	0.03	0.004	0.008	0.023	0.023	0.046
云 南	0.003	0.004	0.016	0.013	0.002	0.005	0.011	0.011	0.023
陕 西	0.008	0.026	0.018	0.014	0.017	0.109	0.037	0.037	0.025
甘 肃	0.004	0.01	0.011	0.008	0.007	0.02	0.014	0.014	0.014
青 海	0.004	0.008	0.009	0.007	0.006	0.014	0.011	0.011	0.012
宁 夏	0.003	0.007	0.008	0.005	0.007	0.01	0.008	0.008	0.011
新 疆	0.001	0.003	0.004	0.002	0.002	0.003	0.003	0.003	0.005

	广西	四川	贵州	云南	陕西	甘肃	青海	宁夏	新疆
北京	0.019	0.024	0.014	0.014	0.034	0.009	0.007	0.036	0.03
天津	0.017	0.021	0.013	0.013	0.027	0.007	0.007	0.03	0.028
河北	0.024	0.032	0.018	0.017	0.055	0.011	0.01	0.027	0.035
山西	0.02	0.045	0.015	0.02	0.11	0.016	0.014	0.038	0.041
内蒙古	0.012	0.022	0.009	0.013	0.028	0.022	0.018	0.159	0.046
辽宁	0.011	0.012	0.008	0.009	0.012	0.004	0.004	0.014	0.02
吉林	0.009	0.01	0.007	0.007	0.009	0.003	0.003	0.011	0.017
黑龙江	0.008	0.009	0.006	0.007	0.007	0.003	0.003	0.009	0.016
上海	0.029	0.018	0.021	0.015	0.02	0.006	0.006	0.009	0.025
江苏	0.022	0.024	0.016	0.015	0.032	0.008	0.007	0.012	0.03
浙江	0.036	0.015	0.026	0.017	0.016	0.005	0.005	0.008	0.023
安徽	0.02	0.025	0.015	0.014	0.035	0.008	0.008	0.012	0.031
福建	0.037	0.013	0.027	0.022	0.008	0.003	0.003	0.005	0.017
江西	0.076	0.02	0.056	0.038	0.014	0.005	0.004	0.007	0.022
山东	0.02	0.025	0.014	0.014	0.034	0.008	0.008	0.019	0.03
河南	0.036	0.055	0.026	0.023	0.178	0.02	0.017	0.024	0.045
湖北	0.071	0.048	0.052	0.036	0.043	0.01	0.009	0.014	0.032
湖南	0.132	0.027	0.099	0.054	0.024	0.007	0.006	0.01	0.027
广东	0.071	0.016	0.036	0.028	0.01	0.004	0.004	0.006	0.019
广西	0	0.03	0.121	0.061	0.008	0.003	0.003	0.005	0.018
四川	0.038	0	0.096	0.114	0.066	0.021	0.017	0.024	0.045
贵州	0.17	0.108	0	0.337	0.014	0.006	0.006	0.01	0.026
云南	0.056	0.083	0.221	0	0.012	0.005	0.005	0.009	0.024
陕西	0.022	0.142	0.028	0.037	0	0.062	0.041	0.05	0.064
甘肃	0.014	0.073	0.02	0.027	0.102	0	0.707	0.3	0.118
青海	0.012	0.052	0.016	0.022	0.059	0.607	0	0.14	0.095
宁夏	0.011	0.038	0.013	0.018	0.036	0.13	0.071	0	0.076
新疆	0.005	0.011	0.006	0.008	0.007	0.008	0.007	0.012	0

附　录

附录6　27个地方政府的铁路距离权重(%)

	北京	天津	河北	山西	内蒙古	辽宁	吉林	黑龙江	上海
北　京	0	0.648	0.19	0.086	0.138	0.076	0.027	0.024	0.01
天　津	0.607	0	0.086	0.054	0.095	0.084	0.029	0.025	0.012
河　北	0.142	0.069	0	0.427	0.068	0.033	0.014	0.014	0.013
山　西	0.043	0.029	0.285	0	0.149	0.023	0.011	0.011	0.009
内蒙古	0.026	0.019	0.017	0.055	0	0.018	0.009	0.009	0.005
辽　宁	0.021	0.024	0.012	0.012	0.027	0	0.317	0.134	0.005
吉　林	0.01	0.012	0.007	0.008	0.019	0.451	0	0.683	0.004
黑龙江	0.007	0.008	0.005	0.006	0.014	0.14	0.503	0	0.003
上　海	0.005	0.007	0.01	0.01	0.014	0.01	0.005	0.006	0
江　苏	0.009	0.012	0.016	0.016	0.018	0.014	0.007	0.008	0.227
浙　江	0.004	0.005	0.007	0.008	0.011	0.008	0.005	0.005	0.517
安　徽	0.009	0.013	0.018	0.017	0.019	0.015	0.008	0.008	0.055
江　西	0.003	0.003	0.005	0.006	0.009	0.005	0.003	0.003	0.03
山　东	0.047	0.095	0.172	0.081	0.045	0.037	0.016	0.015	0.022
河　南	0.024	0.018	0.09	0.068	0.033	0.018	0.009	0.009	0.021
湖　北	0.008	0.007	0.017	0.016	0.017	0.01	0.005	0.006	0.009
湖　南	0.005	0.004	0.009	0.01	0.012	0.007	0.004	0.005	0.015
广　东	0.002	0.002	0.004	0.004	0.007	0.004	0.002	0.003	0.006
广　西	0.002	0.002	0.003	0.004	0.006	0.004	0.002	0.003	0.005
四　川	0.003	0.003	0.005	0.01	0.013	0.005	0.003	0.003	0.004
贵　州	0.002	0.002	0.003	0.004	0.006	0.004	0.002	0.003	0.005
云　南	0.001	0.001	0.002	0.003	0.006	0.003	0.002	0.002	0.002
陕　西	0.008	0.007	0.018	0.054	0.037	0.01	0.006	0.006	0.009
甘　肃	0.003	0.003	0.006	0.013	0.047	0.006	0.003	0.004	0.004
青　海	0.003	0.002	0.005	0.01	0.033	0.005	0.003	0.003	0.004
宁　夏	0.006	0.006	0.006	0.013	0.149	0.009	0.005	0.005	0.003
新　疆	0.001	0.001	0.001	0.002	0.007	0.002	0.001	0.001	0.001

续表

	江苏	浙江	安徽	江西	山东	河南	湖北	湖南	广东
北 京	0.019	0.009	0.029	0.014	0.097	0.059	0.027	0.015	0.022
天 津	0.025	0.011	0.037	0.012	0.186	0.041	0.022	0.013	0.02
河 北	0.028	0.012	0.042	0.018	0.267	0.169	0.046	0.022	0.029
山 西	0.018	0.009	0.027	0.014	0.085	0.086	0.03	0.016	0.023
内蒙古	0.008	0.005	0.011	0.008	0.018	0.015	0.011	0.007	0.013
辽 宁	0.009	0.005	0.012	0.007	0.021	0.012	0.01	0.006	0.012
吉 林	0.006	0.004	0.009	0.005	0.013	0.008	0.007	0.005	0.01
黑龙江	0.005	0.003	0.007	0.005	0.009	0.007	0.006	0.004	0.009
上 海	0.283	0.619	0.093	0.078	0.025	0.029	0.017	0.027	0.036
江 苏	0	0.098	0.36	0.042	0.054	0.059	0.027	0.026	0.026
浙 江	0.102	0	0.053	0.135	0.017	0.02	0.022	0.038	0.045
安 徽	0.267	0.038	0	0.026	0.063	0.069	0.029	0.016	0.023
江 西	0.02	0.062	0.017	0	0.007	0.017	0.068	0.218	0.109
山 东	0.059	0.018	0.093	0.017	0	0.065	0.028	0.016	0.023
河 南	0.054	0.017	0.084	0.032	0.053	0	0.144	0.048	0.045
湖 北	0.017	0.014	0.025	0.091	0.016	0.101	0	0.298	0.101
湖 南	0.018	0.025	0.015	0.313	0.01	0.036	0.32	0	0.225
广 东	0.006	0.01	0.007	0.05	0.005	0.011	0.035	0.072	0
广 西	0.005	0.007	0.006	0.033	0.004	0.008	0.023	0.04	0.067
四 川	0.006	0.004	0.009	0.011	0.006	0.016	0.019	0.01	0.018
贵 州	0.005	0.007	0.006	0.034	0.004	0.008	0.024	0.042	0.048
云 南	0.003	0.003	0.004	0.015	0.002	0.005	0.011	0.015	0.024
陕 西	0.018	0.009	0.026	0.016	0.017	0.11	0.038	0.019	0.026
甘 肃	0.007	0.004	0.01	0.009	0.007	0.02	0.014	0.009	0.015
青 海	0.006	0.004	0.008	0.007	0.006	0.015	0.011	0.007	0.013
宁 夏	0.005	0.003	0.007	0.006	0.007	0.01	0.009	0.006	0.011
新 疆	0.002	0.001	0.003	0.003	0.002	0.003	0.003	0.002	0.005

续表

	广西	四川	贵州	云南	陕西	甘肃	青海	宁夏	新疆
北　京	0.02	0.024	0.014	0.014	0.035	0.009	0.008	0.036	0.03
天　津	0.018	0.021	0.013	0.013	0.028	0.007	0.007	0.03	0.028
河　北	0.025	0.033	0.018	0.017	0.055	0.011	0.01	0.027	0.035
山　西	0.021	0.046	0.015	0.021	0.111	0.016	0.014	0.038	0.042
内蒙古	0.013	0.022	0.01	0.013	0.028	0.022	0.018	0.16	0.047
辽　宁	0.011	0.012	0.008	0.009	0.012	0.004	0.004	0.014	0.02
吉　林	0.01	0.01	0.007	0.008	0.009	0.003	0.003	0.011	0.018
黑龙江	0.008	0.009	0.006	0.007	0.007	0.003	0.003	0.009	0.016
上　海	0.031	0.018	0.022	0.015	0.021	0.006	0.006	0.009	0.026
江　苏	0.023	0.024	0.017	0.016	0.032	0.008	0.008	0.012	0.03
浙　江	0.037	0.016	0.027	0.017	0.016	0.005	0.005	0.008	0.024
安　徽	0.021	0.026	0.015	0.015	0.035	0.008	0.008	0.012	0.031
江　西	0.078	0.02	0.058	0.039	0.014	0.005	0.004	0.007	0.022
山　东	0.02	0.025	0.015	0.014	0.034	0.008	0.008	0.019	0.031
河　南	0.038	0.056	0.027	0.023	0.18	0.02	0.017	0.024	0.045
湖　北	0.074	0.049	0.054	0.037	0.043	0.01	0.009	0.014	0.033
湖　南	0.137	0.028	0.102	0.056	0.024	0.007	0.006	0.01	0.027
广　东	0.074	0.016	0.037	0.029	0.01	0.004	0.004	0.006	0.02
广　西	0	0.031	0.125	0.063	0.008	0.003	0.003	0.005	0.018
四　川	0.039	0	0.099	0.116	0.066	0.021	0.017	0.024	0.046
贵　州	0.177	0.109	0	0.345	0.014	0.006	0.006	0.01	0.026
云　南	0.058	0.084	0.227	0	0.012	0.006	0.005	0.009	0.025
陕　西	0.023	0.144	0.028	0.037	0	0.062	0.042	0.05	0.065
甘　肃	0.015	0.074	0.02	0.027	0.103	0	0.709	0.301	0.12
青　海	0.013	0.053	0.017	0.023	0.059	0.609	0	0.141	0.097
宁　夏	0.011	0.038	0.014	0.019	0.036	0.13	0.071	0	0.077
新　疆	0.005	0.011	0.006	0.008	0.007	0.008	0.007	0.012	0

后　记

　　本书是我在博士论文的基础上，结合大国经济研究，修订完成的一本小小的习作。书稿交付之际，我有一些激动，也有一些忐忑，这大概是经济学研究者在出版自己第一本书稿的时候都会有的心态吧。从事经济学的学习与教研活动已有十六载，一路走来，迷茫过，动摇过，但更多的是获得新知识的快乐和偶有新发现时的兴奋，我很庆幸自己在经济学这条道路上一直坚持走到了现在，使我有机会逐渐领略到经济学的魅力。在这本书稿的写作和出版过程中，我得到了很多人的帮助，在此，我想对他们表达我最诚挚的谢意。

　　衷心感谢我的导师刘小川教授，我的博士论文之所以能够顺利完成，与导师的悉心指导是分不开的。在确定论文选题之初，导师多次就论文选题的可行性跟我沟通，最终确定以"中国地方政府间税收竞争研究"作为我的博士论文题目，此后，在将近两年的论文写作时间里，我一直致力于该专题的研究工作。在论文写作过程当中，我遇到过很多困惑，有时是思路不清，有时是对内容的取舍难以把握，每次都是与导师讨论以后，才重新找到了正确的方向。在整个论文写作期间，导师经常主动询问我的论文写作情况，让我遇到问题随时与他交流，我知道导师平常的工作很繁忙，但是为了指导我的论文却倾注了很多心血，这令我非常感动。另外，导师为人非常平易近人，在交流的过程中总是耐心倾听，从不轻易否定学生的观点，这也是我在教研工作中值得认真学习的地方。

　　博士毕业调到湖南商学院工作以后，我很荣幸地加入欧阳峣教授所主持的大国经济研究团队，正是在欧阳峣教授的影响和指导下，我尝试着从大国的视角研究财税问题，这种转变大大地拓展了我的研究空间。在短短一年多的时间里，我

后　记

以大国财税问题为切入点,相继获得了国家社会科学基金青年项目和湖南省社会科学基金一般项目,我在学术上的进步离不开欧阳峣教授及其大国经济研究团队成员对我的无私帮助,对此我将永远心怀感激。欧阳峣教授给我的论文提出了很多中肯的修改意见,多次组织专家和大国经济研究团队的核心成员为我们几位青年博士的课题申报书进行论证,这篇书稿也是在欧阳峣教授的督促下完成的。欧阳峣教授还多次聘请国内外知名的专家学者来给研究团队的成员进行讲座,使我有机会了解学术前沿问题,这对进一步规范我的学术论文写作也提供了很大的帮助。此外,柳思维教授、李定珍教授以及大国经济研究团队的其他成员多次就我的选题、研究思路、论证方法提出自己的意见,在此我谨对他们的无私奉献表示由衷的感谢!

感谢蒋洪教授、丛树海教授、胡怡建教授、储敏伟教授、郭士征教授、毛程连教授,他们都是我的任课老师,在他们的开放式教学过程当中,我都曾经在课堂上积极发言,参与专题讨论,这种训练使我受益颇多。另外,我在多次旁听博士生论文答辩的时候,有幸聆听到马国贤教授、刘小兵教授和朱为群教授的发言,他们严谨、认真、负责的态度永远是我学习的榜样。

在论文写作过程当中,我经常和杜树章、杨文云博士进行交流,他们的观点总是那么新颖,对我非常富有启发性。另外,杜树章博士还非常慷慨地给我提供了很多具有价值的文献资料,在此一并表示感谢!

感谢博士期间上海财大的学友:董娅、樊轶侠、李辉婕、朱云欢、王晓阳、张明喜、程北南、童疆明、朱秀丽、张林新、郭思勇、罗海梅、魏忠、张家喜、唐东会、汪冲、汪曾涛、崔亚飞、庄德林、余显才、温娇秀;感谢南京大学的张先锋、吕民乐、孙红燕博士,复旦大学的洪结银博士,上海社科院的张艳、汪莹、陶爱萍博士。与他们的交流让我增长了学识、开阔了视野。尤其是张先锋博士,不仅多次在网上跟我交流论文的写作问题,而且还在计量软件的使用上给我提供了非常详细实用的指导,这份深情厚谊我将永远铭记在心。

感谢合肥工业大学所有给我提供过帮助的同事们。张本照教授、刘志迎教授、万伦来教授、王立平博士经常关心我的学习和工作情况,他们都是我的良师益友。李静博士经常解答我在计量上遇到的难题,胡东兰老师在我读博期间承担了我的《财政学原理》课程的教学任务,非常感谢他们。

最后,感谢我的先生赵涛,他一直默默地支持我的学习和工作,经过八年共同生活的洗礼,我们俩渐渐走向成熟,这份书稿便是我们一起成长的见证。